中国国共内戦と朝鮮人部隊の活躍

一九四五年八月〜一九五〇年四月

吉在俊・李尚典 著
李東埼 訳
井上 學 解説

金日成主席（右）と姜健（1946 年 4 月下旬）

訳者はしがき

李東埼

米国と中国、この二つの大国はいまや、冷戦後の国際秩序再編の中心となっている。しかし中国は、六六年前に中華人民共和国が成立するまでは帝国主義列強の半植民地であり、図体の大きい弱小国にすぎなかった。

中国が、自主独立の新しい国に生まれ変わり、今日の隆盛をみるまでには、国民党政権と中国共産党との、いわゆる国共内戦という陣痛を経なくてはならなかった。この内戦の帰趨を決する「天王山」がまさに中国東北地方（満州）であった。

その東北解放戦争で、金日成は毛沢東ひきいる中共軍を徹底的に支援し、その勝利に巨大な貢献をした。そのことを、具体的な史実にもとづいて叙述したのが本書である。このような歴史的事実が日本人の前に明かされるのは、これが初めてではないだろうか。日本歴史学界にも一石を投じる衝撃の一書たることを、あえて自負するしだいである。

日本敗戦当時、東北地方は中国共産党組織の空白地帯であるばかりか、国民党軍の到着を待つ土匪、日本敗残兵、旧「満州国」残余勢力のうごめく無法地帯となっていた。

シベリアの基地にいた金日成は、ソ連軍対日参戦と同時に指揮下の朝鮮人民革命軍の優秀な幹部たちの一部を、祖国にではなく中国東北地方に派遣する。派遣にあたって彼は、根拠地の創設、朝中人民の武装隊伍編成、党、大衆団体、政権機関の組織を指示した。これらの措置が、やがて大きな威力を発揮する。

金日成は朝鮮北部地帯を中共軍の秘密ルートとして提供するとともに、常設兵站機関である朝鮮駐在東北局弁事処の設置に協力した。こうして膨大な量の人員と戦略物資を輸送し、事実上朝鮮は中共軍の「国家的後方」の役割をはたした。

それればかりではない。難関に直面するたび中国側の要請にこたえて金日成は戦略戦術的助言をあたえ、守勢から攻勢へ、勝利へ、と戦局を転換させていった。国共内戦に直接参加した朝鮮青年の数は約二五万といわれる。彼らは軍規厳正、犠牲精神に富み、突撃隊として中国人部隊の模範となり士気を高めた。金日成の支援がなかったなら「林彪部隊」は全滅を免れなかっただろうし、中国革命はさらに莫大な犠牲を覚悟せねばならなかったであろうと言われる。

美しい話ばかりではない。大国主義と民族排外主義を克服しきれないごく一部の人たちが犯した過ちで、朝中人民間に重大な軋轢が生じたこともあった。

本書の原題は『中国東北解放戦争を支援して』となっているが、実は朝鮮人部隊の参戦は内戦最後の海南島解放戦闘までつづけられた。

中国人民にたいする惜しみない国際主義的支援は、あらゆる物が不足し、しかも何時アメリカと南朝鮮の李承晩一派が攻めてくるか知れないという、きわめて厳しい苦難の時期に行われた。いまや死語に近い「国際主義」とは、本来いかなるものかを、読者はこの書によって知るにちがいない。

また、朝鮮戦争にたいする中国参戦の背景を、本書の読者は実感をもって理解することができるであろう。

本書で直接触れてはいないが、慧眼の士は、国共内戦につづく朝鮮戦争の性格をも看破するに違いない。すなわちそれは、中国大陸を失った米帝国主義が、朝鮮半島を反攻の足場にするため、朝鮮民主主義人民共和国の抹殺を企んだ侵略戦争だったのである。

抗日戦争につづく国共内戦、そして朝鮮戦争。ともに血を流して戦った朝中人民の記憶は末永く消えることはない。この記憶が生きている限り、枝葉は風にゆれても朝中関係の根幹は不動であることを、本書は強く示唆しているのではないだろうか。

ちなみに原書の中国語訳は二〇一一年に平壌・外国文出版社から刊行されている。

末尾ながら、日本人の立場から示唆に富んだ「解説にかえて」を書いてくださった井上學氏、困難な昨今の出版事情のなかで快く刊行を引き受けて下さった同時代社の高井隆氏に感謝の意を表したい。

凡例

一、本書は중국동북해방전쟁을 도와（平壌・科学百科事典出版社、二〇〇八年）を翻訳したものである。原題の日本語訳は「中国東北解放戦争を支援して」である。

二、原書では「金日成同志」となっているところを「金日成主席」と訳出した。本書が扱っている一九四〇年代にはまだ、主席という職位はなかった。彼が主席になったのは七〇年代に入ってからである。しかし彼の死後、主席は単なる職位ではなく、金日成にたいする敬称として一般に通用するようになっている。

三、原書は大見出しと小見出しからなっている。本書では、大見出しに第一章、第二章というふうに付けて章だてにした。

四、小見出しの翻訳は原書を尊重しつつも、あるていど内容が窺えるように変えたり、説明的な文句を付け加えたりした。例えば、「反土匪作戦」は「国民党の到来待つ土匪群を掃討」に、「一筋のレールの上にも」は「朝鮮人鉄道兵部隊のめざましい働き」に、「錦州解放戦闘」は「退路を断つ錦州解放戦闘」に。

五、原書にある重複叙述、長すぎる説明は、ごく一部だが整理、簡略化した。但し、原書の趣旨はいささかも損なっていない。

六、本文中の（）内は原文にあるもので、〔〕内は訳者による補足である。

七、原註は同じ通し番号で記し、脚註とした。訳註は〔訳註〕と記して各章末にまとめた。

八、原書の年表には記されていなくとも、重要と思われる事項は訳者の判断で補った。また、明らかな誤植は訂正した。

九、原書の「まえがき」は省略し、代わりに「訳者まえがき」を付した。原書の巻末に付されていた地図三枚は省き、代わりに訳者が簡略化した地図を付した。

一〇、原書には登場人物の略歴にほとんど全て顔写真が付されている。そのほか、当時の関連写真や新聞記事のカット写真が多数収録されている。残念ながらこれらの貴重な資料を、割愛せざるを得なかったことを読者にお詫びしたい。

中国国共内戦と朝鮮人部隊の活躍　一九四五年八月～一九五〇年四月／目　次

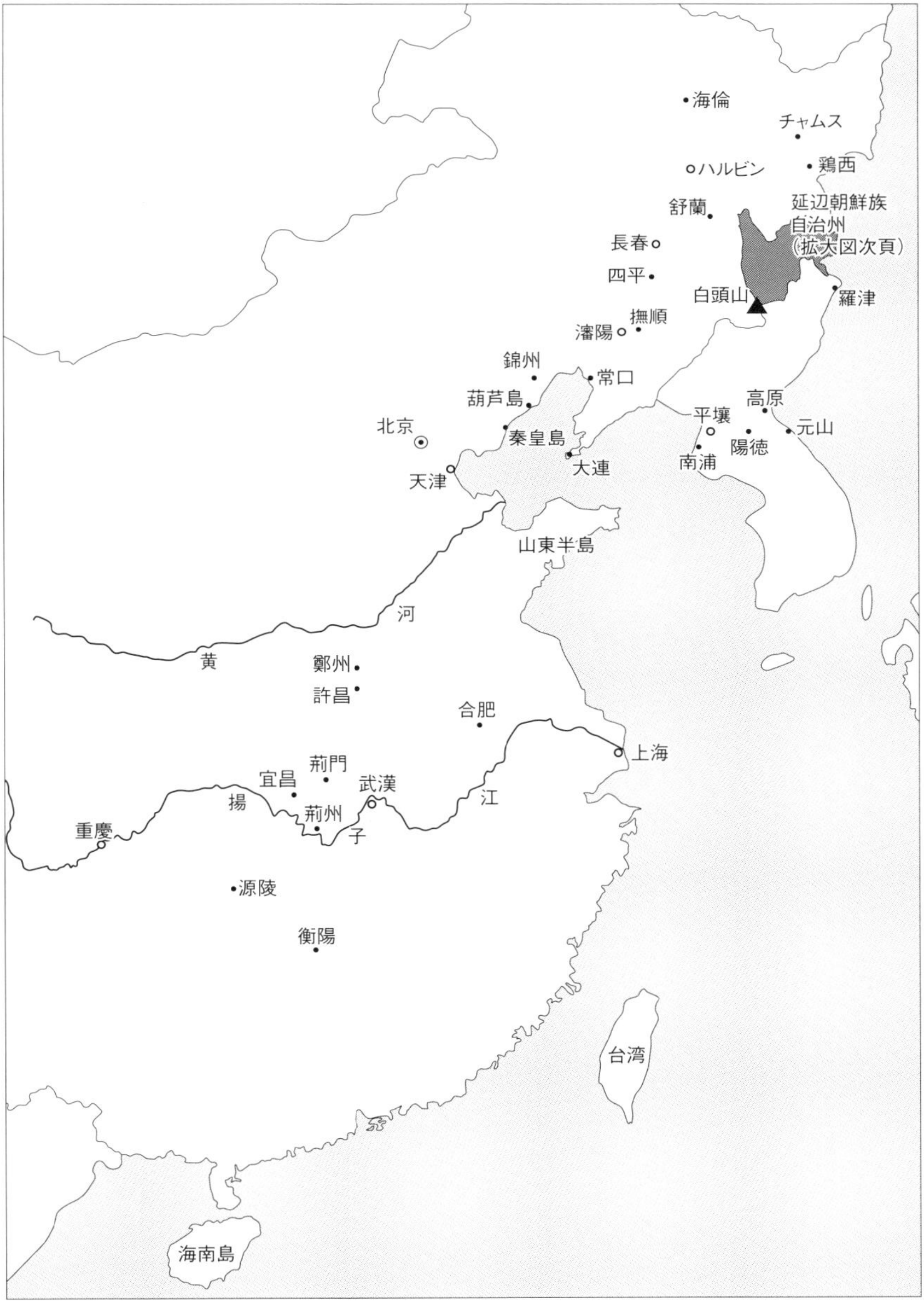
海倫
チャムス
ハルビン
鶏西
舒蘭
延辺朝鮮族
自治州
（拡大図次頁）
長春
四平
白頭山
羅津
撫順
瀋陽
錦州
常口
葫芦島
高原
平壌
元山
北京
秦皇島
陽徳
南浦
大連
天津
山東半島
河
黄
鄭州
許昌
合肥
上海
荊門
宜昌
武漢
揚
江
荊州
子
重慶
源陵
衡陽
台湾
海南島

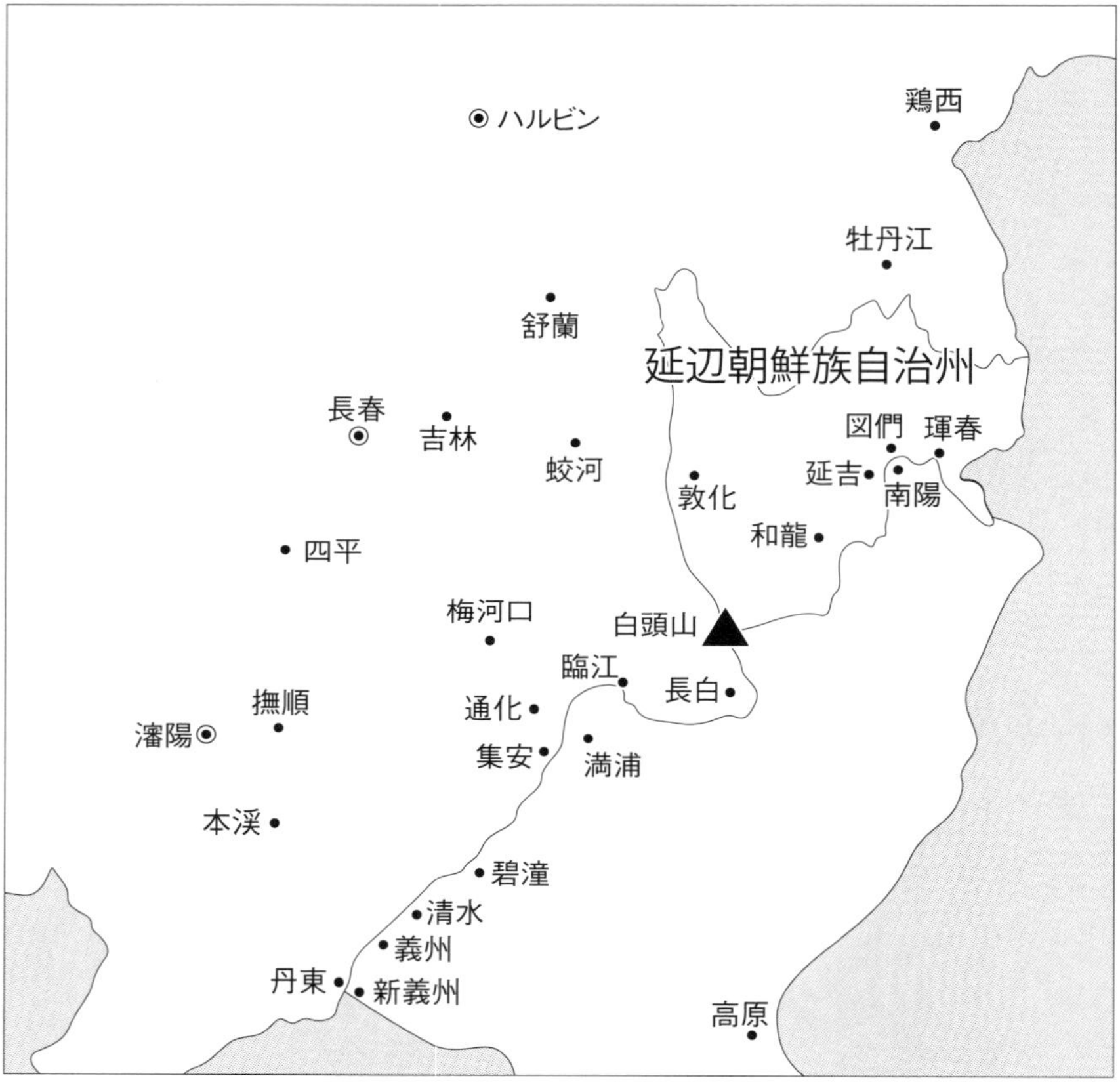

延辺朝鮮族自治州周辺図

第一章　国際主義的義務とみなして

一九四五年八月一五日、金日成主席が日本帝国主義を打倒し、我が人民は新しい民主朝鮮建設の道に入ったが、隣りの中国では蒋介石が、アメリカの後押しで新たな国内戦争をはじめた。中国共産主義者はまたしても力に余る戦いをしいられた。

主席は我が国における建党、建国、建軍の膨大な課題を遂行しながらも、隣りの中国革命に深い関心を寄せた。

中国革命を朝鮮革命のように重視していた主席は、一九四五年八月一〇日にソ連・ハバロフスク北キャンプで、中国東北地方〔旧称＝満州〕に朝鮮人民革命軍の指揮員たちを派遣する指示を下した。八月二四日には、緊迫した中国東北情勢に対処して中国革命を支援することについての重要な演説をした。

朝鮮人民革命軍の優秀な軍事政治幹部たちは、解放された祖国にではなく、ふたたび戦場である中国東北に派遣された。

日帝敗北後の対決場

中国東北地方は自然経済的条件のよい地帯である。そこには朝鮮の白頭山につらなる高い山地をはじめとする山岳地帯と、肥沃な農土がひろがっている。山地には朝鮮五葉松、柏松、エゾ松など経済的価値の高い数十種の用材林があり野生の高麗人参、丹参、黄芪をはじめ数百種の薬用植物と、松茸など百余種の山菜や木の実が育ち、黒てん、かわうそ、虎などをはじめとする哺乳動物、それに雉をはじめさまざまな種類の鳥や淡水魚も多い。地下資源も多く金、鉛、亜鉛など金属鉱物資源が一〇〇種類以上もある。

工業もあるていど備わっていて鋼鉄と機械設備、石炭の生産量は全国的に大きな比重を占めていた。面積や人口からみると全国の九分の一ないし一〇分の一だが、資源がゆたかで一定の経済力が備わっている。中国ぜんたいを卵にたとえるならば、東北地方はまさにその黄身と言えよう。

日本帝国主義侵略者らはかねてより中国東北地方をねらって、よだれをたらしていたが、ついに一九三一年に「満州事変」をおこして侵略し、かいらい満州国を立てた。中国東北地方が大きな軍事戦略的意義をもっていたからだが、それだけではなかった。彼らは、その豊かな資源もむさぼりたかったのである。

だが日帝は一四年めに敗北した。一九四五年八月、日帝敗北の日、中国東北地方（以下、東北地方または東北と略す）の人民はのども裂けよとばかりに歓喜の万歳を叫んだ。

東北の人民たちは虐殺、略奪をこととする日本帝国主義が滅びたのでこれからは新しい世の中、人民の世の中がくるだろうと信じた。だが東北の空を新たな戦雲がおおいはじめた。この不吉な黒雲を呼んだ張本人はアメリカ帝国主義であった。

アメリカは中国をアジアの重要な反ソ反共基地にするため、日本が敗北する前から蒋介石の国民党に六〇億ドルの軍事援助を与え、国民党軍を反共の突撃隊に仕立てた。アメリカの援助のもとに日本敗戦の前後から、国民党軍は現代的兵器で武装した一〇六個師団、二〇〇余万人の大軍にふくれあがった。アメリカの軍事顧問団まで入ってきて彼らを訓練した。蒋介石は歩兵だけでなく空軍、海軍も保有した。

おまけに「中ソ友好同盟条約」(1)まで締結され、国民党軍はいっそう気勢があがった。

この条約はソ連外相モロトフと国民党外交部長・王世傑が署名したのだが、ソ米英首脳がヤルタ会談(2)で秘密に約束した内容を骨子にしていた。

条約は平和回復後、相互に主権および領土保全を尊重し、内政不干渉を順守することを基本原則とし、条約の有効期間を三〇年間とさだめた。

問題なのは東北地方について取り決めた条約の内容である。

ソ連はかいらい満州国を中国の一部とみとめ、満州における国民党政府の完全な主権行使を尊重するとした。従ってソ連は国民党政府以外には軍事支援を行えないことになっていた。

条約では、ソ連軍は日本敗北後三ヵ月以内に撤退することになっていた。

条約がこのようにソ連と蒋介石のあいだに結ばれたのは、当時はまだ国民党と共産党が合作していた時期だったし、対外的には蒋介石の統治する中華民国が合法政権となっていたからであった。

---

(1)　蒋介石は国民党行政部行政院長・宋子文と外交部長・王世傑をモスクワに派遣し、一九四五年八月一四日に「中ソ友好同盟条約」を結ばせた。この条約は八月二六日から正式に公布され発効した。

(2)　ヤルタ会談は一九四五年二月四日から一一日までウクライナのクリミア半島にあるヤルタ市でソ連人民委員会ソビエト委員長スターリン、アメリカ大統領ルーズベルト、イギリス首相チャーチルが集まって第二次世界大戦の終結と戦後調整問題を解決するために行われた秘密会談である。ソ連の対日参戦、ファッショ・ドイツの戦後処理、国連創設問題などが討議決定された。

この条約がむすばれるや蔣介石は、かねてからねらっていた東北地方をそっくり手に入れる作戦を開始した。蔣介石は中国共産党に申し入れて、一九四五年八月末から重慶で和平交渉を開始した。蔣介石は和平交渉で時間をかせぎ、その舞台裏では日本軍に追われて西南、西北などの各省にかくれていた自分の軍隊を華東（山東省、江蘇省、安徽省、浙江省、福建省）、華北（河北省、山西省、綏遠省）、東北（吉林省、遼寧省、黒龍江省）地方へと急速に移動させ、大きな都市と鉄道などを掌握した。とりわけ東北地方には接収都市（ハルビン、綏芬河、図們、チャムス）党務専員として侯田昆を派遣し、謝文東に国民党中央先遣軍保安総司令という任命状をあたえた。

謝文東は抗日戦争の時期に東北民主義勇軍総司令員だったし、その後、東北抗日連軍八軍長をしていたときの一九三九年、日帝に投降した人物である。さらに、元抗日連軍九軍長で一九三九年に変節した李華堂を東北靖鎮軍第一集団軍司令官、東北第六路軍保国軍第五師団長、新二七軍第八師団長に任命した。馬喜山（元抗日連軍三軍一師政治委員で、変節した李禧山と推測される）を東北靖鎮第一旅長に、鄭雲峰を国民党東北靖鎮司令官に、南満地方には山尚浩を、東満には元反日部隊連隊長で、投降して酒場のあるじをしていた男をその地方の土匪部隊旅団長に任命した。

さらに蔣介石は国民党組織をつくるために、南満で活動していた馬永山を延辺地方の国民党代表として派遣した。そして日本関東軍第一二五師団参謀長をしていた藤田実彦と連携し、日本敗残兵を糾合して共産党を攻撃せよとの指示を下した。国民党軍は敗北した日帝侵略軍の手中にあった兵器と軍需物資、鉄道、港湾そして大きな諸都市と重要な軍事戦略上の要衝地をそっくりいただくために、洪水のように東北地方におしよせた。日帝のスパイ網まで国民党はひきついだ。

日帝敗北当時、蔣介石国民党軍は四三〇万の大軍となり、中国全人口の七〇％にあたる住民地域を掌握するにいたった。

中国共産党はきわめて困難な立場におかれた。当時中国共産党は揚子江〔長江〕以北の山西省、河北省、河南省、山東省一帯の農村地帯に解放地区を設けたが、その住民数は中国全人口の三〇％に過ぎなかった。また、蔣介石がそっくり呑み込もうとしている東北地方の中国共産党組織は、一九三七年七月七日に中日戦争が起きてから破壊されたままであった。おまけに中国共産党の指導する軍隊は歩兵しかなく、その装備も良くなかった。

数的にも技術装備的にも、比べようもなく優れている国民党軍との戦いは共産党軍にとって大きな試練であった。

東北地方をめぐる戦いで誰が勝者となるかは、それ以後の中国政治情勢とアジア政治情勢の変化に大きな影響をおよぼす、きわめて重大な問題であった。

朝鮮、ソ連、モンゴルと境いを接する東北地方を共産党がにぎれば、すでに掌握している解放地区と東北地方をつなぎ、それに依拠して国民党軍を撃ち破ることができるし、我が国やソ連にも有利となる。もしも東北地方を蔣介石がにぎれば、中国共産党軍が北と南から挟み撃ちされるし、東北地方が反ソ反共基地となってアジアの政治情勢発展にも不利となる。

中国東北地方は、こうして共産党と国民党の「天王山」となった。

当時としては誰も、どの国も、この戦いで中国共産党が勝つだろうとは思えなかった。

この困難な時期にソ連はヤルタ協定を順守せねばならなかったし、第二次世界大戦で連合国となっていた中華民国との関係も悪化させるわけにいかなかったので、中国共産党を助けることができなかった。

ひとえに金日成主席だけが東北地方のきびしい情勢を洞察して、中国共産党の偉業を助けなければならないという勇断をくだした。こうして主席は、解放された祖国に凱旋する前に、やがて起きるであろう東北解放戦争を積極的に支援すべきであるとの方針を示したのであった。

支援の大勇断を下す

金日成主席はつぎのように述べた。

「我々は、中国東北地方に生じた緊張した情勢ときびしい状況を黙って見ているわけにいきませんでした。中国人民の革命闘争を助けることは、朝鮮共産主義者と全朝鮮人民の崇高な国際主義的義務です。」（金日成全集、二巻二〇頁）

金日成主席は真の国際主義と革命的義理にもとづいて、中国東北解放戦争を支援する大勇断をくだした。それは中国人民が最もきびしい試練をへている時期であった。主席はかねてから、正義と進歩の道を行く人なら国境や民族のちがいを超えてきょうだいとみなし、彼らの偉業をさいごまで助けた真の国際主義者であった。

主席は長い間、東北地方で朝中共同抗日偉業のためともに戦ってきた義理からしても、中国東北解放偉業をかならず支援すべき義務があるとみなした。

身はたとえ祖国の地にあろうと異国の地境にあろうと、金日成主席の心を占めていたのはつねに朝鮮民族の運命であった。それがまた、中国東北地方を視野からはずせない理由でもあった。

主席は、中国東北地方に住む我が民族が、ふたたび蒋介石一味の抑圧と搾取のもとに苦しむのを許すことができなかった。

東北地方は、金日成主席と深い縁で結ばれた土地である。

主席の両親も革命家だった。日本帝国主義は、父・金亨稷と母・康盤石の革命活動を目の上のこぶのように憎んであらゆる迫害をくわえた。闘争をより積極的に展開するため両親は異国に居を移さざるを得なかった。こうして主席は、幼いころ平壌郊外の故郷・万景台をはなれて鴨緑江を渡り、中国東北地方に移った。

闘争舞台を中国東北地方にうつして、精力的に革命活動を展開した両親は若くして世を去った。その後主席は両親の志をつぎ、白頭山を拠点にし鴨緑江と豆満江をまたにかけて日本帝国主義と戦った。戦いの日々、主席はあまたの死線を越え、貴重な革命同志たちを東北の山野にうずめた。主席は抗日革命闘争の時期、朝中人民の絶対的支持をうけた。

パルチザン将軍・金日成は青春時代の大部分、我が国と中国東北の山野をかけめぐり祖国の自由と独立のためにすべてをささげた。

このような縁があったので、主席は東北地方に格別の思い入れがあった。

主席は日帝敗北の以前から、中国政治情勢の推移に深い関心をよせ、具体的に研究した。

主席は新聞、放送の報道や小部隊政治工作員たちと中国人戦友たちの通報資料をとおして、いずれ中国で蔣介石が内戦をおこすであろうと見抜いた。一九四五年八月二四日、ソ連のハバロフスク北キャンプで行った重要演説で主席は、朝鮮人民革命軍〔訳註1〕指揮員と隊員たちに、直接東北解放戦争に参加して中国革命を誠心誠意支援すべきだと述べた。

主席は日帝が敗北し祖国が解放されたのに、朝鮮人民革命軍指揮員たちを帰国させず中国東北地方にふたたび送るのは、一言でいって日帝の無条件降伏が予想外に早かったので、中国東北地方の情勢が非常に複雑になったためであると次のように強調した。

東北地方では日本軍敗残兵とかいらい満州国残余勢力、土豪、土匪をはじめとする反革命武装勢力が連合して革命的人民を野獣的に虐殺している。蒋介石一味は中国東北地方を掌握しようと露骨に画策している。このような東北地方情勢を拱手傍観することはできない。

いまはソ連軍が駐屯しているので国民党勢力が表立って動けないでいるが、ソ連軍が撤収し国民党勢力が東北地方を手に入れれば、そこが中国革命にとって大きな脅威となるのは言うまでもなく、ひいては朝鮮革命にも悪影響をおよぼしかねない。したがって朝鮮の革命家たちが中国東北地方に出て行って活動するのは、日帝に抗してともに戦った朝中人民の血縁的きずなをいっそう強化発展させ、東北地方に居住する朝鮮人民の生命財産を保護し、我が革命の国際的環境をいっそう有利に転換させる神聖な義務になる。

中国東北地方の朝鮮人は、生活体験をとおして朝鮮の革命家をよく知っている。彼らはいまも、朝鮮の革命家たちが早くやってきて自分たちの活動を手助けしてくれるのを待ち望んでいる。東北地方の二〇〇余万の朝鮮人のうち、国民党に反対し共産党を支持する革命群衆は数十万人にのぼるから、そこに労働者、農民の人民政府を樹立しうる大衆的地盤がすでに十分に備わっている。これは、これまで長期かつ困難な革命闘争をつうじて獲得した尊い成果であり、中国東北解放戦争を勝利へとみちびくことのできる確固たるうらづけになる。

主席は、我が国に生じた情勢は朝鮮人民革命軍の指揮員たちが中国東北地方に出て行って、革命勢力をさらにしっかりきずくことを求めていると指摘した。我が国の三八度線以南に駐屯することになっているアメリカが、中国では蒋介石をそそのかし内乱を挑発して中国共産党を滅ぼし、朝鮮では己れの走狗を表に立ててかいらい政権を樹立し、日本では日本軍国主義を復活させてアジアに強力な反共反ソ戦線を形成しようと策動するかもしれない。こうなれば我が国は、日帝から解放はされたものの、今度はアメリカ帝国主義の植民地になるか、あるいは南北に分裂するかの新たな危険に直面することになる。だからソ連軍が駐屯している我が国の北緯三八度線以北をたのもしい革命基地にきずく一方、中国東北地方も革命的にきずかなくてはならない。

主席は、朝鮮人民革命軍指揮員たちを中国東北地方に派遣するのは、彼らに現代戦の経験を積ませるためでもある、と述べた。東北地方の朝鮮青壮年で革命武力を編成し、実戦をとおして彼らを軍事政治的にきたえることは民族軍隊の骨幹を育てるうえで重大な意味がある。このように中国東北地方が中国革命と朝鮮革命で大きな位置を占めるので、同地方の情勢と実情をよく知り、反日革命闘争の豊富な経験をもつ朝鮮人民革命軍指揮員たちを派遣することにした、と主席は指摘した。

主席は、朝鮮人民革命軍の指揮員たちが東北地方に出て行って活動することにより、中国革命の勝利を早めることができるし、我が国の革命にも有利な局面をひらくことができると述べた。そして東北地方に派遣される同志たちの仕事は姜健[3]同志が責任をもち、延吉に駐在して指導すること、汪清県には崔明錫（崔光）[4]、和龍県には朴洛権[5]、龍井市には孔正洙[6]の諸同志が行って責任者となり、その地のソ連軍司令部に入って活動

（3）姜健（姜信泰）　一九一八年六月二三日生まれ。解放前中国寧安県で朝鮮人民革命軍に入隊し抗日武装闘争に参加。解放後延吉県に派遣され吉東分区司令員として東北解放戦争に参加。帰国後、保安幹部訓練所長をへて朝鮮人民軍の重要な地位で仕事をしていたが、朝鮮戦争中の一九五〇年九月八日戦死した。抗日革命烈士。

（4）崔光（崔明錫、崔雲慶）　一九一七年七月一七日生まれ。解放前、汪清県で朝鮮人民革命軍に入隊、抗日武装闘争に参加。解放後汪清県に派遣され吉東分区司令部野戦軍の第二連隊長、保安隊の第三連隊長として東北解放戦争に参加。その後、朝鮮人民軍の重要な地位にいたが、一九九七年二月二一日死去。抗日革命烈士。

（5）朴洛権　一九一八年三月三日生まれ。解放前、朝鮮人民革命軍に入隊し抗日武装闘争に参加。解放後、中国延吉県に派遣され吉東分区司令部野戦第一連隊長として東北解放戦争に参加。一九四六年四月一八日、長春解放戦闘で戦死。抗日革命烈士。

せよと指示した。さらに主席は崔石泉（崔庸健）同志に、中国人の周保中同志とともに長春地方に出て、中国共産党との連携のもとに朝鮮人の党籍問題と国籍問題、外国人としての権利保障問題を解決し、吉林地方に行って朝鮮人部隊を組織する対策を立ててから祖国に帰るよう任務を与えた。

派遣地で活動する際に姜健同志は崔麟、崔明錫（崔光）同志は崔雲慶と名を変えること、携行する身分証明書もその名で発行せよと具体的な指示をした。そして東北地方に出て行って日本軍とかいらい満州軍の武装を解除し、治安を維持しつつあたえられた任務を遂行せよと命じた。

主席は彼らに、中国共産党との連携のもと、東北地方の実情をよく考慮して党組織をつくり、人民政権を立て、革命軍隊を組織する任務をあたえた。

朝鮮の党を合法的に結成するのはいまのところ難しいので、中国共産党に入って党生活をしつつ、革命性の強い労働者、農民や先進的な人たちを個別的に厳格に検討して入党させ党細胞と党支部を組織するよう、主席は教えた。

主席はまず間島地方に〔訳註2〕一万～二万の正規軍を今年中に組織する課題をしめした。そして革命武力の組織体系は延吉に吉東保安司令部を組織し、その傘下にそれぞれの地方を守る保安隊と、外部からの大部隊攻撃を阻止破綻させる野戦軍を組織するのがよかろうと指摘した。さらに軍人たちを政治的に、軍事技術的によくきたえるよう強調し、いかなるばあいにも革命の勝利にたいする信念を固くもたねばならないと述べた。

そして、およそ次のようにつづけた。

一九三〇年代末と四〇年代初に、まるでファッショ・ドイツと日本が世界を席巻するかのごとく見えたが、その後わずか四～五年で滅びた。対日戦争でその無能力と売国売族行動があますところなく暴露された蒋介石国民党勢力は滅亡直前にある。一〇〇万の国民党軍が東北地方におしよせてくるからといって、恐れることはない。勝利の信念をもって戦うことが大切だ。朝鮮人民革命軍はいくらにもならない兵力で「無敵皇軍」を誇る一〇〇万関東軍と戦い勝利した。ましてや蒋介石ごときは、兵力が多いからとて恐れるにたりない。

金日成主席はさらに次のようにつづけた。

「もしも蒋介石が、現時代を見誤って中国で第三次国内戦争を挑発するなら、今度こそ彼らの命運は尽きるでありましょう。」

毛沢東同志に指導される八路軍は日本侵略軍と蒋介石軍の絶え間ない攻撃のなかでも百数十万の大軍に成長したが、中国関内（中国本土）の革命根拠地を死守する問題が大きな課題として立ちはだかっているため、東北地方にまでその勢力を伸ばすことができないでいる。中国共産党軍の東北地方の基本力量は、周保中同志の抗日連軍しかいない。だから我々が主導的に部隊を組織して、国民党軍との戦争に備えなくてはならない。中国東北地方を掌握する闘争を他人事とおもわず、派遣地に出立するまでにあたえられた任務をいかになしとげるか構想し計画を立て、目的地に到着すれば初手から計画した方向に仕事を積極的に推し進めなくてはならない、と主席は強調した。

主席の教えは東北解放戦争において朝鮮人民革命軍指揮員が堅持すべき綱領的指針であり、それをあますところなく貫徹してこそ、中国人民の東北解放戦争を助けて国際主義的義務をはたすことができた。

朝鮮人民革命軍指揮員たちは、あたえられた任務を徹底的に貫いて勝利の報告をしようという革命的情熱

（6）孔正洙　一九二一年九月一五日生まれ。解放前、中国依蘭県で朝鮮人民革命軍に入隊し抗日武装闘争に参加。解放後、龍井市に派遣され吉東分区司令部中隊長として東北解放戦争に参加。その後、朝鮮人民軍の重要な地位で仕事をし、一九九一年一一月九日死去。抗日革命烈士。

に燃えた。

主席は中国革命を、朝鮮革命と同様にみなして積極的に支援した。

東北地方に朝鮮人民革命軍の優秀な指揮員たちを派遣し、中国革命勝利の日まで私心のない支援をしたことは、中国共産党の軍隊にとって国家的後方の正規的供給と同様の重要な役割となった。

昔から同情するのはやさしいが、助けてやるのは難しい、ということわざがある。中国革命がもっとも厳しい状況に陥っていたまさにそのとき、同情するだけでなく、国力のすべてを傾けて誠心誠意支援したので、いまもなお中国人民はもちろん、中国の山川草木すらも金日成主席を忘れることができずにいる。

朝鮮人民革命軍の幹部を派遣

金日成主席は次のように述べた。

「……我々は先日の会議で、中国人民の革命闘争を支援するために朝鮮人民革命軍の優秀な軍事政治幹部たちを、中国東北地方に派遣するという重要な措置を講じました。」（金日成全集、二巻一九頁）

主席は日本帝国主義が敗北した直後から、幾度も朝鮮人民革命軍指揮員と隊員たちを中国東北地方に派遣した。最初の派遣員は崔庸健同志をはじめとする一部の指揮員で、一九四五年八月末頃現地にむけ出発した。

その年の九月五日、主席は祖国に凱旋するためハバロフスク北キャンプを出発した。そのとき主席は、姜健同志を責任者とする東北地方派遣員たちをつれて出立した。主席とともに祖国へ、中国東北地方へ、互いに異なる任務をおびて旅立つ抗日革命闘士たちの胸はひとしく高鳴った。それぞれに異なる哨所にむかう彼らではあったが、金日成同志を偉大な領導者としていただく大きな自負心と誇り、任務遂行の決意にみちていた。

一行はハバロフスク、ウォロシロフ、綏芬河をへて九月九日早朝、牡丹江市に到着した。牡丹江では高麗人協会の主催で多数の人民があつまり、「金日成将軍万歳！」をさけび熱烈に歓迎した。主席は一九四五年九月一〇日、牡丹江地区にあるソ連軍司令部で高麗人協会幹部らに会った。

朝鮮人の自治組織である高麗人協会の責任幹部たちは、同協会の綱領と規約を主席に見せた。そして、今後朝鮮人が進むべき道を教えてほしいと訴えた。主席は綱領と規約をみて、皆が力を合わせ完全自主独立の朝鮮国家建設めざして闘うと規定されているのが気に入ったとほめた。ついで、第二次大戦後の内外情勢を分かりやすく説明してから、朝鮮人民の前に提起された革命課題を次のように明らかにした。

「わが朝鮮の三八度線以北にはソ連軍が進駐しており、以南にはアメリカ軍が入り込みました。三八度線の南に自国の軍隊を投入したアメリカは、中国で蒋介石を後押しするのと同様に、朝鮮でも自分の走狗を表に立てて己れの野望を実現する方向にすすむかも知れません。これが、解放された朝鮮を民主的で自主独立の国家に建設するうえで、大きな障害となるだろうことは明らかです。

我々はアメリカに対して、絶対に幻想を抱いてはなりません。アメリカはあくまでも日本と同じ帝国主義国家です。」

我が国は長い間、日本帝国主義の植民地支配下にあったせいで資本主義の発展がひどく押さえつけられ、封建的残滓が多く残っていることを念頭におかねばならない。だから朝鮮人民の当面課題は、反帝反封建民主主義革命の遂行である、と金日成主席は指摘した。

この当面課題を成功裏になしとげるためには、民族主義者だろうと共産主義者だろうと関係なく力を合わせなくてはならない。労働者階級を核心にして広範な農民や小ブルジョア階級を団結させ、帝国主義と封建に反対する闘争に組織動員しなくてはならない。高麗人協会の名称や綱領、規約をみると朝鮮共産党〔訳註3〕が解散させられたために、我が国での共産主義運動は時期尚早で、資本主義的発展をもたらすために何らかの過渡的運動が必要であるかのような印象をあたえる。もしそう考えるなら、間違っていると主席は諭した。さらに主席は、高麗人協会という名称と綱領は広範な民主勢力を団結させるのにふさわしくない。中国領土内で活動している条件下で、民主大同盟といったような名称の団体をつくれば朝中人民をともに結集できるのではないだろうか、と教えた。

高麗人協会の責任幹部たちは、目からうろこが落ちたようだと喜び、主席の教えを指針としていっそう果敢に活動を展開する決意を固めた。

牡丹江地区の情勢を把握したのち主席は、九月一二日ふたたびソ連領に入った。そしてウォロシロフで、同月一五日に中国東北地方へ出立することになった姜健同志をはじめとする指揮員たちに、派遣地でなすべき課題の具体的内容を重ねて提示した。

主席は東北地方に派遣する軍事政治幹部たちに、中国人民の革命闘争を支援することは朝鮮共産主義者と全朝鮮人民の崇高な国際主義的義務であると指摘した。そして、東北地方を守ることは中国革命の勝利を促すうえで極めて重要な意味をもつとしながら、抗日戦争勝利後、東北地方は中国革命において政治、経済、軍事的に重要な戦略的位置を占めることになったと強調した。

主席は、東北地方にはいまソ連軍が駐屯しているので革命闘争発展に有利な社会的、政治的条件ができており、この地方の自然的、経済的条件も有利だから、中国共産党がこの地方を手に入れれば、中国人民の革命闘争に大きな役割をはたすようになるであろうと述べた。そして、中国人民の革命闘争を助けるのは朝鮮革命と、中国東北地方に居住する我が同胞たちのためでもあると述べた。

主席は中国東北地方に行ってなすべき活動内容と、それを実現する具体的方途についても次のように明らかにした。

まず派遣地では、武装隊伍をつくる活動を積極的に援助せねばならない。抗日戦争に加わった人たちを核心にし、朝中人民の優れた青年たちで武装隊伍を結成せよ。そこに、各所で分散的に活動している人民武装隊を引き入れて短期間に武装隊伍を急速拡大すべきである。

東北地方に中国人民の民主的政権を樹立しなければ、国民党の統制する反動的政権が樹立される恐れがある。国民党が東北地方の行政権を接収する前に、各地方に人民の意思に合致する民主的政権が樹立できるよう中国人民を援助してやらねばならない。政権機関は、武装隊伍をはじめとする全ての民主勢力を動員して社会秩序撹乱者をきびしく取り締まらねばならない。土豪、土匪、日本軍敗残兵、かいらい満州国残余勢力などのしゅん動を、徹底的に鎮圧するよう積極的に援助すべきである。

共産党の地方組織づくりに積極的に協力すべきである。共産党組織のないところに党組織をつくると同時に労働者、農民の優秀な分子で党隊列を不断に拡大し、党の統一団結を強化するのに深い注意をはらわねばならない。大衆団体は革命勢力の強化に重要な意義をもつ。地方ごとの具体的実情と大衆の意識水準に合わせて大衆団体を組織するよう援助すべきだ。

すべての民主勢力を団結させる統一戦線活動を立派に遂行すべきである。民主主義をめざす朝鮮人と中国人を全て結集し、所属している政党、大衆団体の違い、民族的差異をこえて各階各層の広範な民主勢力を網羅しうる民主大同盟のような統一戦線組織を創設すべきである。

共産党員は統一戦線活動で主導的役割をはたさねばならない。闘争しつつ団結する原則を堅持し、各階各層の民主勢力や、動揺する階層までもすべて統一戦線に網羅すべく積極的に努力する一方、統一戦線内に反動分子が浸透できないよう警戒心を高めねばならない。

朝中人民の団結強化に力を入れなくてはならない。朝中人民はこれまで団結して日帝にたいする困難な闘いをともにしてきたが、いま、敵の離間策動によって朝中人民の団結に厳重な障害が生じている。敵の奸計を看破できず、民族感情に走るなら離間策動にまきこまれる。いかなる状況の中でも、朝中人民の団結を強化するのに支障をきたす言動を一切つつしむべきである。朝中人民に、ともに新社会建設めざして闘っていることをはっきり認識させ、彼らのなかで団結と協調の気風が高まるようにせねばならない。

金日成主席は以上のように述べてから、さらにおよそ次のようにつづけた。

「魚が水を離れて生きられないように、遊撃隊が人民を離れては生きられない。」という抗日遊撃隊のスローガンは抗日遊撃闘争の時期だけでなく、今日も明日も革命する人たちが座右の銘とすべき指針である。つねに人民のなかに入り、彼らと親しく交わり、彼らに依拠して任務を遂行すべきである。

中国東北地方に派遣される同志たちの仕事は、姜健同志が責任者として指導することになっている。提起されるすべての問題を延吉に駐在する姜健同志に集中し、その指示にしたがって動かねばならない。そして、各自の地域のソ連軍衛戍司令部や中国共産党組織との緊密な連携のもとに活動を展開せねばならない。

派遣地に向かう隊列の出発時刻がやってきた。主席は彼ら一人ひとりの手を固くにぎりながら、私としては君たちをみな連れて祖国に帰り肉親たちとも会えるようにしたいが、東北情勢が険しいのでふたたび戦場に送らねばならない。体に気をつけて皆が健康な体で再会できるようにしよう、と熱く励ました。

朝鮮人民革命軍の軍事政治幹部らと隊員たちは、主席とともになつかしい祖国に一刻も早く帰りたいという思いを胸の奥深くにしまいこみ、主席がそれほどまでに気にかけている東北解放戦争を勝利させて、ふたたび主席のふところに抱かれようと誓った。彼らは九月一五日の夕べウォロシロフ駅を発ってクナチェコフに着き、そこから自動車で陸路延吉市に一七日到着、翌日それぞれの派遣地へ向かった。

延吉には姜健、金万益[7]、朴京淑、龍井と和龍には朴洛権、孔正洙、汪清には崔光、金陽春[8]、明月溝には呉竹順[9]など多くの抗日革命闘士たちが派遣された。

主席は朝鮮人民革命軍の軍事政治幹部と隊員らを東北地方に派遣するだけでなく、過去に抗日武装闘争に参加したが、さまざまな事情で現地にとどまっている抗日闘士や中国関内から東北地方に入ってくる武装隊員らも、すべて網羅してともに戦うよう教えた。

このようにして日本軍敗残兵、かいらい満州国残余勢力、土豪と土匪そして国民党反動勢力などさまざまな反動どもが、日帝の敗北を機にやりたい放題にふるまっている東北地方に革命の火の手を力強く上げ、これらクズどもを焼きつくす解放戦争の勝利の担保がきずかれることになった。

---

(7) 金万益　一九一七年二月一九日生まれ。解放前に汪清県で朝鮮人民革命軍に入隊、抗日武装闘争に参加。解放後、吉東分区司令部兵器科長として東北解放戦争に参加。その後、朝鮮人民軍の重要な地位で働いたが、一九五〇年九月八日戦死。抗日革命烈士。

(8) 金陽春　一九二一年八月一七日生まれ。解放前、北満で朝鮮人民革命軍に入隊して抗日武装闘争に参加。解放後、汪清県に派遣され吉東分区汪清警備司令部大隊長として東北解放戦争に参加。その後、朝鮮人民軍の重要な地位にあったが、一九九四年七月二五日死去。抗日革命烈士。

(9) 呉竹順　一九二一年二月一四日生まれ。解放前、中国饒河県で朝鮮人民革命軍に入隊して抗日武装闘争に参加。解放後明月溝に派遣され、人民自衛隊中隊長、東北民主連軍一五六師三〇三連隊大隊長として東北解放戦争に参加。その後、朝鮮人民軍の重要な地位で働き、一九七四年八月二一日死去。抗日革命烈士。

〔訳註1〕

朝鮮人民革命軍　金日成の指導のもとに一九三二年四月二五日、東満の安図県で結成された。当初の名称は反日人民遊撃隊。南満、北満でも同様の遊撃隊が結成された。金日成は一九三四年春、満州各地の遊撃隊を朝鮮人民革命軍に改編し、統一的な軍事組織体系にまとめ上げた。朝鮮人民革命軍は日本帝国主義と戦う戦闘隊伍であるとともに、人民大衆をめざめさせ祖国解放闘争へと組織動員する政治的軍隊でもあった。一九四〇年代に入って日本敗戦を確信した朝鮮人民革命軍は、祖国解放に備えてシベリアに基地を移し、大部隊作戦から小部隊活動に転換。政治、軍事学習に力を注ぎ、建国人材の養成につとめた。

〔訳註2〕

間島地方　延辺地区ともいう。朝鮮族が多く住む。豆満江とシベリアに接し延吉、龍井、敦化、和龍、汪清、安図、琿春、図們などの諸都市をふくむ。約四万三千平方キロメートルにおよぶ今日の延辺朝鮮族自治州とほぼ重なる。【別掲地図参照】

〔訳註3〕

朝鮮共産党　一九二五年創立。日本帝国主義の激しい弾圧と党内派閥争いのため一九二八年解散。

第二章　勝利の鍵──革命根拠地の建設

金日成主席は、東北解放戦争で勝利するには延辺地区〔訳註4〕に強固な革命根拠地をきずかねばならないと考えた。国家的後方をもたずに武装闘争を展開しようとすれば兵員、装備、補給物資などを供給する根拠地、基地をもつことが必須不可欠である。革命根拠地をどこにどうきずくかは革命の勝敗を左右する。

延辺根拠地は東北解放戦争の全期間、きわめて大きな役割をはたした。東北解放戦争勝利の要因のひとつは、前もって延辺地区を革命根拠地にきずいておいたところにあった。

住民の意識が高い延辺地区

延辺地区に革命根拠地をきずくべしという金日成主席の考えは、この地区の有利な自然地理的条件と社会階級的関係にたいする科学的分析にもとづいていた。

延辺地区は北緯四一度から四四度、東経一二七度から一三一度の間に位置している。東はソ連の沿海州ハサン地区に通じ、南は豆満江をはさんで我が国の咸鏡北道と向かい合い、西は吉林省の蛟河、樺甸、撫松県などに接し、北は中国黒龍江省の東寧、寧安、海林、五常県などに通じている。延辺地区の面積は四万二千七〇〇平方キロメートルで、吉林省総面積の四分の一を占め、この省の東南部に位置している。

この地区には朝鮮族、漢族、満族、回族、モンゴル族をはじめ一六の民族が住み、そのうちいちばん多いのが朝鮮族である。

日本帝国主義者は一九〇六～七年頃から延辺地区に魔手をのばしはじめ、一九〇九年九月には間島協約を締結して龍井に日本総領事館を設置し、吉会線鉄道〔満州の吉林省の省都・吉林市と朝鮮北部の国境都市・会寧市を結ぶ鉄道〕の敷設権をうばって、東北地方でわがもの顔に振るまいはじめた。

一九三一年九月一八日の満州事変後、日帝は延辺地区を完全に占領した。

日帝侵略者は朝鮮民族と中国人の離間を図って、ありとあらゆる手を使った。

さらに許せないのは、朝鮮学校の教科書をすべて日本語で編纂し、朝鮮の子供たちが朝鮮語と朝鮮文字を習ったり使用するのを厳禁し、朝鮮人の名前を日本式の名前に改めるよう強制したことである。世界の歴史に、これほど野蛮な同化政策を強要した例はかつてなかった。

日帝侵略者は朝鮮人にたいして絶え間なく「討伐」を敢行し、生きるために懐かしい故郷をすてて中国の土地に移ってきた人たちを集団的に虐殺し、村を焼き払った。

延辺地区人民たちは、早くから闘争を開始していた。

我が人民の反日民族解放闘争は、金日成主席が抗日武装闘争路線を提示し、それを陣頭に立って導くことによって新たな高い段階に発展した。

金日成主席は安図で反日人民遊撃隊を創建したのち、指導核心メンバーたちを派遣して汪清、延吉、和龍、琿春など東満各地でまず抗日武装隊伍を結成した。ついで全東北地方が抗日のるつぼと化した。

抗日武装闘争の影響下に延辺地区人民たちは革命的にめざめ、祖国光復会をはじめさまざまな革命組織に結集した。彼らは武装闘争をはじめ、さまざまな形態の闘争で日帝侵略者に痛打をあびせた。

このように長期間の抗日闘争で鍛えられたので、延辺地区の朝鮮人は意識がひじょうに高かった。

地理的にも延辺地区は、白頭山に発する高く険しい山脈が幾すじも延びて密林がうっそうと茂り、少ない兵力でも敵の攻撃を十分に防ぐことができるし、遊撃戦と大部隊機動戦で敵を攻撃するにも有利なところであった。そして、我が国とソ連に隣接し、南満と北満を連結する地点におかれているので交通上、軍事戦略上からも重要かつ有利な地点であった。

このような諸条件を勘案して、主席は延辺地区を東北解放戦争勝利の根拠地として選んだのであった。

もともと中国共産党も、この地区に根拠地をつくるつもりであったが、さまざまな難関があって実現できずにいた。

一九四五年一一月末、中国共産党中央委員会は同党東北局に次のような決定を下達した。

「我々が全東北を占領しようとした企図は、不可能なことである。だが我々は、東北地方で一定の地位を占めるために努力しなければならない。」

一九四六年一月中旬、中国共産党中央委員会から東北局におくった電報には次のように指摘されている。

「我々に根拠地がなければ戦争の勝利はありえない。だから、兵力を分散して大衆を発動し、匪賊を粛清し、根拠地を創設せねばならず、また、兵力を集中して敵の攻撃を打破することにより、根拠地創設を援護せねばならない。この両者は必ず併進させなくてはならない。」（吉林地方党史研究文抄〈中国語〉、吉林人民出版社、二〇〇一年、一三〜一四頁）

中国共産党は一九四六年に入ってから、根拠地創設の第一歩を踏み出したのであった。

ところが、金日成主席の戦略によって一九四五年九月、東北地方に派遣された朝鮮人民革命軍指揮員と隊員たちにより、すでに同年秋には延辺地区で根拠地創設活動が活発に展開されていたのである。

かように先手を打って根拠地創設をすすめたので、破竹の勢いで襲ってくる国民党軍をこの根拠地に依拠してただちに迎え撃つことができたし、勝つことができた。もしもこのとき、強力な延辺根拠地を前もってきずいておかなかったなら、東北解放戦争の勝利は莫大な犠牲をはらってのち、ようやく達成できたであろう。

強力な武装隊伍を編成

延辺根拠地創設で、まずなによりも先になすべきは軍隊づくりであった。

金日成主席は次のように述べた。

「同志諸君は、反動勢力を粉砕する武装隊伍を組織するのを、積極的に助けてやらねばなりません。強力な武装力なしには、反動勢力との闘争で勝利することができません。武装隊伍は抗日戦争に参加した人たちを核心にし、朝中人民の優れた青年たちで組織せねばなりません。」（金日成全集、二巻二一頁）

革命根拠地の建設は、敵との武力闘争で勝つための拠点をつくるということだから、軍事力抜きの革命根拠地はありえない。敵との戦いだけでなく、根拠地における党活動や政権建設、経済活動、そして人民の生命財産を守る仕事もみな軍事力に裏打ちされていなくてはならない。

主席は革命闘争の本質的要求と長期にわたる日帝との闘いで得た経験にもとづき、東北に派遣する軍事政治幹部たちが根拠地創設において、なによりもまず強力な武装隊伍の編成を積極的にたすけるよう強調した。

吉東分区司令部政治主任だった唐天際は、当時をふりかえって次のように書いた。

「朝鮮の同志たちは主席同志の教えにしたがって、我々とともに延吉に姜信泰（姜健）を司令員とする吉東保安司令部（のちに吉東分区司令部に改編）を設け、各県と重要地域には優秀な指揮員たちを派遣して保安連隊を組織した。延吉では姜司令が直接担当して保安連隊を組織し、龍井と和龍では朴洛権と孔正洙、汪清では崔明錫（崔光）、図們では任哲[10]、明月溝では呉竹順がそれぞれ責任をもって組織したのであった。

日帝が降伏したのち、沸き立つ革命的熱意のなかで雨後の竹の子のように各地で警備武力が急速に成長した。とくに龍井保安連隊は、はじめ数百人だったのが短期間に三千名以上にふくれあがり、人々の注目をあつめた。日帝敗北以前から遊撃隊が指導した全允弼[11]の秘密地下組織メンバーたちが、朴洛権の指揮のもとに大活躍して朝鮮青年たちを覚醒、発動させたのだった。このような成果は、当時の延辺情勢を前もって洞察した、主席同志の先見の明がもたらしたものと言わざるをえない。」

延辺地区における武装隊伍の組織は市、県などで警備隊または保安隊をつくり、それらを統合して吉東分区司令部を設置するという過程をたどった。

姜健同志は延吉に着くとすぐに九月一九日、延吉市中央小学校で群衆集会をひらいた。（友誼の長征〈朝鮮語〉黒竜江朝鮮民族出版社、二〇〇二年、二六八頁）

この日、延吉はいうまでもなく、周辺の農村からも多くの青年や人民たちが、金日成主席が派遣した朝鮮

（10）任哲　一九一四年一二月二七日生まれ。解放前、中国琿春県で朝鮮人民革命軍に入隊して抗日武装闘争に参加。解放後、東北民主連軍独立三連隊大隊長として東北解放戦争に参加。その後、朝鮮人民軍の重要な地位で仕事をした。二〇〇一年四月二四日死去。抗日革命烈士。

（11）全允弼　一九〇六年二月一七日生まれ。解放前、日本や中国で反日闘争。一〇余年間監獄生活。一九四五年二月から延吉県龍井で反日闘争。解放後、姜健、朴洛権とともに龍井で警備隊を組織、吉東保安司令部副司令員として東北解放戦争に参加。その後、朝鮮労働党中央委員会と内務省の重要な地位で仕事をした。一九七一年六月一九日死去。反日愛国烈士。

人民革命軍指揮員の演説を聴くためにあつまってきた。

姜健同志は東北地方の情勢を分析したのち、我が人民が圧迫と搾取のない新しい世の中で暮らしたいなら直ちに武器を手にして、襲いくる敵どもと戦わねばならないと訴えた。そして大衆団体の指導者たちを任命し、各組織から武装隊に志願する青壮年たちを積極的に援助するよう強調した。

姜健同志は青年同盟をたずねて青年たちを積極的に発動させ、幾日かのあいだに延吉市内で三〇余名の青年からなる警備小隊を組織した。小隊長は南龍洙[12]（反日愛国烈士）であった。ついで姜健同志は延吉市周辺から志願してきた青壮年たちで警備中隊を組織した。中隊長は崔虎林で副中隊長は朴昌範[13]（抗日革命闘士）と許一権であった。

各地で武装隊に入隊する決起集会がひらかれ、青年たちが銃をかついで歩くのが延辺地区の風景のひとつにまでなった。

当時の出版物によれば、一九四六年五月中旬から六月初にかけて延辺の五つの県で三千六五九名が入隊した。一九四六年六月、延吉第二中学校では、身体検査で不合格になった一名を除いて卒業生全員が入隊した。この模範にならって延吉その他の県の数千名の中学卒業生が入隊し前線におもむいた〔当時の中学卒業年齢はこんにちの高校卒業年齢とほぼ同じ〕。こうして延吉市の志願者数が一〇月一〇日頃には大隊級に、一一月中旬頃には連隊級に増えていった。（延辺朝鮮族自治州概況〈朝鮮語〉延辺人民出版社、一九八四年、一一六～一一七頁）

武装隊の編成には、人とともに武器が必要である。

姜健同志は延吉に駐屯しているソ連軍司令部と協議して、日本軍からろ獲した武器倉庫から二個中隊分の九九式歩兵銃を受け取ってきた。一方、日本軍とかいらい満州軍の敗残兵が捨てたり隠したりした武器をさがしだした。抗日武装闘争の時期に、日本軍との戦闘でろ獲した武器を地中に埋めておいたのも、このときに掘り出して利用した。こうして一一月に延吉市保安連隊が組織された。連隊は三個中隊で構成された。連隊長は韓範、一中隊長は南龍洙、二中隊長は崔泰勳、三中隊長は朴昌範だった。一個中隊は三個小隊で構成されていた。

一九四五年末には人員が多くなったので、保安連隊の各中隊を大隊に改編した。連隊長は韓範、参謀長は崔虎林、一大隊長は南龍洙、二大隊長は姜渭龍[14]（抗日革命闘士）、三大隊長は朴昌範だった。三大隊政治指導員は洪春洙[15]（抗日革命闘士）、八中隊長は韓泰龍（抗日革命闘士）だった。

姜健同志は保安連隊の武器を補うために再びソ連軍司令部と交渉し、大紅溝にある日本軍敗残兵の武器庫から二度にわたり八台のトラックで大量の九九式歩兵銃と、重機関銃・機関銃二〇余丁、迫撃砲六門、数十丁の擲弾筒などをもってきた。

保安連隊が組織されると、延吉市内の社会秩序が安定した。どさくさにまぎれて掲げられていた国民党の

(12) 南龍洙　一九一七年八月三日生まれ。解放前、中国延吉県で朝鮮人民革命軍に入隊し抗日武装闘争に参加。解放後、吉東分区保安司令部大隊長、東北民主連軍一六五師四九五連隊砲兵大隊長として東北解放戦争に参加。その後、朝鮮人民軍に服務。一九九五年四月三〇日死去。反日愛国烈士。

(13) 朴昌範　一九一五年四月一八日生まれ。解放前延吉県で朝鮮人民革命軍に入隊して抗日武装闘争に参加。解放後、吉東分区延吉保安連隊三大隊長、独立三連隊偵察参謀として東北解放戦争に参加。その後、当時の社会安全部門で勤務。二〇〇三年三月二日死去。抗日革命烈士。

(14) 姜渭龍　一九一四年五月一八日生まれ。解放前、和龍県で朝鮮人民革命軍に入隊して抗日武装闘争に参加。解放後、東北民主連軍の中隊長として東北解放戦争に参加。延吉県龍井市党書記、市長。その後、中央党学校を卒業して社会安全省と党中央委員会で仕事をし、二〇〇一年一月三日死去。抗日革命烈士。

(15) 洪春洙　一八九四年二月二九日生まれ。解放前、中国の密山で朝鮮人民革命軍に入隊し抗日武装闘争に参加。解放後、延辺で警衛連隊政治主任、独立四連隊政治主任として東北解放戦争に参加。その後、祖国解放戦争〔朝鮮戦争〕の時期に人民軍に服務、光成栄誉軍人学校長として勤務、一九六七年六月一二日死去。抗日革命烈士。

看板も姿を消し、夜中の銃声も聞こえなくなった。

龍井市では、朝鮮解放前から全允弼がひそかに組織した龍井武装隊（のちに龍井別動隊）が発展して、一九四五年一一月末頃には龍井警備連隊に成長した。

金日成主席は日本帝国主義が滅亡する前の一九四四年初、龍井地下革命組織に朝鮮人民革命軍小部隊責任者・洪春洙を派遣し、日本帝国主義との最後の決戦準備を直接指導した。その組織で武装隊編成の準備がととのうと、主席は一九四五年七月には洪春洙、朴光善に武装部隊の組織方法、有事における隊伍の拡張方法、敵との闘争方法などを具体的に教えて龍井に再度派遣した。

龍井武装隊は日本帝国主義との決戦で勝利したのち、新たな情勢が生じた時期にふたたび主席が派遣してくれた、姜健同志をはじめとする朝鮮人民革命軍の軍事政治幹部たちの指導のもと自己の隊列を拡大強化し、名前を別動隊と変えたあと「抗蒋援華」の旗をかかげた。「抗蒋援華」とは蒋介石に反対して戦い、中国人民を助けるという意味だ。

龍井別動隊の人員は最初八〇名ほどだったが、すぐに五〇〇名に増えた。別動隊の隊長は全允弼で政治責任者は鄭斗煥[16]（反日愛国烈士）、参謀部責任者は金中山、副隊長は金東宇だった。龍井別動隊長・全允弼は政務委員会を設け、その傘下に警備分隊を収めた。警備分隊の人員は非常に多かった。

警備分隊の分隊長は日帝時代に警察副署長をつとめた男で、副分隊長は別動隊の政治責任者・鄭斗煥が兼任した。鄭斗煥がそこに入った目的は、龍井公安局がもっている武器を奪うためであった。当時、龍井別動隊は人員の半分しか武器をもっていなかった。

朝鮮解放直後、国民党は朝鮮人と中国人の離間をはかり、朝鮮人の革命的気勢を押さえ込むために反動的な中国人知識人や日帝時代に警察に服務していた者、龍井公安局に服務していた者らを糾合して「治安維持隊」なるものをつくって龍井市を掌握しようとした。

そこで鄭斗煥は四〇余名の朝鮮青年をひきいて警備分隊に入り、分隊長なる者がつながっている「治安維持隊」と、公安局をはじめとする彼らの武装集団がもっている武器を、そっくり奪取する機会をうかがっていたのである。

このような時に姜健同志一行が延辺地区に到着した。鄭斗煥は姜健同志に実情を報告し今後の対策について指示をうけた。だが計画は思うように進まず、彼らとの間に大きな衝突が起きる情勢が生じた。

姜健同志は非常対策を講じた。彼は龍井市内の全武装人員を一ヵ所に召集した。「治安維持隊」をはじめとする反動団体の武装隊までみなあつまった。姜健同志は武装隊を整列させてから、君たちは治安維持ひとつまともにできず内輪もめばかりしている、と厳しくしかりつけた。そして武装隊伍を再編成すると宣言し、一切の武装を解除してトラックに積み延吉に運んでいった。

このようにして、反動どもがもっていた武器もみな回収することができた。

姜健同志はその日の夕方、延吉から全允弼に電話をかけ、トラックで運んできた武器をすべて龍井別動隊がもってゆくよう指示した。

あくる日全允弼は、延吉に行って受け取った武器を龍井別動隊の千余名の青年たちに分配し、龍井別動隊の名を龍井警備隊と改めた。龍井警備隊は朴洛権（抗日革命闘士）の指導のもとに治安維持と、反革命分子にたいする粛清をおこなった。

(16) 鄭斗煥　一九一一年三月二五日生まれ、一九二七年から反日闘争に参加。解放後、吉東保安司令部補給部副部長兼財政科長として東北解放戦争に参加。その後、保安幹部訓練所補給主任、さらに朝鮮人民軍と党中央委員会で活動、祖国統一民主主義戦線中央委員会議長として活動中、二〇〇六年一月五日死去。（反日愛国烈士）

それからふた月が過ぎた一一月末頃には、龍井警備隊の兵力は三千名に達し、龍井警備連隊に発展することとなった。連隊長は全允弼で政治責任者は鄭斗煥、政治副責任者は崔昌銀（反日愛国烈士）、副連隊長は金東宇、参謀長は金中山、一大隊長は金成龍、二大隊長は朴根春、三大隊長は李東武、頭道溝中隊長は孔正洙だった。

汪清県では、そこに派遣された崔雲慶（崔光）同志が保安連隊を組織した。崔光同志が朝鮮人民革命軍から派遣されてくるまでは、汪清の反動どもは「赤色青年団」という反動団体をつくり腕章を巻いて徘徊し、あらゆる蛮行をはたらいて共産主義者は悪いやつらだといううわさを広めていた。崔光同志は汪清についてから事実を調べ、警備司令部の名でこの団体に解散を命じるとともに、保安連隊を組織したのであった。金日成主席の派遣した抗日闘士がやってきて部隊を組織するといううわさが広まると、数日のうちに数千名の青年たちが志願のため押しかけてきた。その中には李順任のような少女たちもまじっていた。

崔光同志は、彼らの中から選抜して大隊を組織し、すぐに連隊に拡大した。連隊の人員は三千五〇〇名ほどであった。

汪清保安連隊の連隊長は崔光同志、参謀長は金永万、一大隊長は金陽春（抗日革命闘士）、二大隊長は崔徳武（反日愛国烈士）、三大隊長は朴永春だった。

琿春県ではどうだったのか。南満宇[17]が、日本の「報国隊」として連行されて解放を迎えた敦化県、蛟河県地方の青年五〇〇名をひきいて、姜健同志の指示で韓昌鳳[18]（抗日革命闘士）とともに琿春に行き、そこにいた池炳学[19]（抗日革命闘士）と相談して琿春保安連隊を組織した。人員は二千名程度だった。連隊長は池炳学、政治委員は韓昌鳳、政治主任は田紅文、参謀長は南満宇だった。

和龍県では地主・李永春の反革命的策動により、非常にきびしい条件下で武装隊を組織することになった。

和龍県に派遣された朴根植[20]（反日愛国烈士）と南雲学がそこで地下革命活動をしていた金昌日、崔雲学、金正、金秉哲と相談し、選抜された二〇〇名の青年たちとともに和龍と南面に行った。

彼らはそこで九月三〇日に、一万人が参加する慶祝行事とデモ行進をおこなって人民を覚醒させたのち、武装隊の結成を宣布するつもりだった。ところが地主・李永春は、おのれの手中にある中国人武装隊をそそのかして和龍邑の明新総公署前まできたデモ隊に銃撃を加え三名即死、七名を負傷させデモ隊を解散させた。李永春は自分の武装隊をトラックにのせて南面にゆき、ここでも七名を殺しデモ隊を解散させた。

この男がこんなことをやれたのは、巧妙にソ連軍衛戍司令官の同意を得たからであった。彼はソ連軍衛戍司令官を先に立てて明新小学校に現れ、南雲学にたいし、国民党が立てた「臨時政府」の承認もなく朝鮮人が勝手に武装隊を組織して騒ぎをおこすのかとどなった。そしてソ連軍衛戍司令官にむかって、これは朝中人民の民族的離間をはかる行為であると訴えた。するとソ連軍衛戍司令官は問題を階級的立場から識別できず、「臨時政府」の承認のもとに組織すべきであると告げて帰ってしまった。このようにして、和龍県での

(17) 南満宇　一九二五年三月二六日生まれ、解放前に反日闘争に参加、解放後、吉東分区保安司令部琿春保安連隊中隊長、鉄道保安隊長として東北解放戦争に参加。その後、朝鮮人民軍に勤務したのち、咸鏡南道の人民経済各部門の重要な地位で活動中、一九九二年七月一七日死去。反日愛国烈士

(18) 韓昌鳳　一九二二年八月生まれ。解放前、中国長白県で朝鮮人民革命軍に入隊し抗日武装闘争に参加。解放後、琿春保安連隊政治責任者として東北解放戦争に参加。その後、朝鮮人民軍の重要な地位で働く。一九五〇年一一月三〇日戦死。抗日革命烈士。

(19) 池炳学　一九一七年五月二四日生まれ。解放前、琿春県で朝鮮人民革命軍に入隊し抗日武装闘争に参加。解放後、琿春県警備隊大隊長、吉東分区司令部保安隊五連隊長、第四野戦軍一五六師一六連隊副連隊長、独立一五師参謀長として中国東北解放戦争に参加、その後、朝鮮人民軍の重要な地位で活動し一九七七年二月二八日死去。抗日革命烈士。

(20) 朴根植　一九〇六年一一月七日生まれ。解放前、中国延吉県で反日闘争に参加、解放後、吉東分区司令部保安隊第六連隊長として東北解放戦争に参加。その後、朝鮮人民軍の重要な地位で仕事をした。一九五二年二月一七日戦死。反日愛国烈士。

最初の武装隊組織計画は失敗におわった。

朴根植は延吉に行って、姜健同志にことの顛末を報告した。姜健同志は朴洛権とともにソ連軍のカチューシャ砲〔多連装ロケット砲〕を先頭に立て、遊撃隊の軍服をきた警衛小隊と龍井保安隊三〇〇余名をひきいて和龍に到着した。

これを見た中国人反動武装隊は、恐れをなして武器を捨て一目散に逃げた。

姜健同志は砲を河岸に配置してから延吉、龍井の保安隊員を連れて市内に入り北門、西門、東門で「臨時政府」を攻撃して解散させた。そして、地下施設にかくれていた李永春を逮捕した。ついで姜健同志は、ソ連軍衛戍司令部に行って衛戍司令官を逮捕した。

それから三日後の一〇月三日、姜健同志は明新小学校運動場で群衆大会を開き、地主と反動官僚どもの罪状を暴露し、朝中人民は団結して仲良くしなければいけないと、流ちょうな中国語で演説したのち、悪質地主・李永春を群衆審判にかけ銃殺した。

これを見た和龍の人民たちはいっそう革命的にめざめ、武装隊を拡大強化する活動に積極的に加わるようになった。

その後、朴洛権が同地に残って、延吉と龍井から連れてきた隊員たちを核心にして和龍保安連隊を組織した。和龍保安連隊は一一月末にいたって二千余名の大部隊に成長した。連隊長は朴根植、政治主任は南雲学、参謀長は崔夏愼、一大隊長は厳紅石、二大隊長は金東根[21]（蒋介石の特務）、三大隊長は崔永煥であった。

明月溝では日帝敗北後、明義小学校教員・李仁煥と韓朱賓（反日愛国烈士）、朱在一[22]（抗日革命闘士）、孫長山が中心になって「韓国同志会」という朝鮮人の組織を結成した。

ところが国民党が、日帝統治時期の協和会長や日帝警察に服務していた者ら、そして覚醒しておらぬ中国人青年たちで結成した「治安維持隊」なる反動団体員たちに、日帝警察のもっていた武器をにぎらせ、先進的な朝鮮青年たちを弾圧虐殺させたので「韓国同志会」はなにもできずにいた。

そのような時に、姜健同志一行が延辺地区に到着した。

朱在一と韓朱賓は早速、姜健同志をたずねて行き明月溝の実態を報告した。朱在一は主席のもとで抗日武装闘争に参加した人であり、韓朱賓も反日闘争に参加し日帝敗北後は延吉県明月溝で「韓国同志会」の副委員長として活動していたが、姜健同志の指導で抗蒋援華の道に入った人である。

姜健同志は明月溝に行って、私兵を各々一〇〇名以上もっている陳寿振をはじめ七名の悪質分子を逮捕し、「治安維持会」がもっていた武器三〇〇余丁と、倒木溝にある「治安隊」の武器八〇余丁を回収してから群衆大会を開いた。大会では裏切り者を暴露、処断したのち明月溝政務委員会と警備隊を組織した。

初代政務委員長は、金日成主席が初期革命活動の時期に吉林で闘争していたとき、主席の指導をうけた韓朱賓だった。警備中隊長は呉竹順（抗日革命闘士）だった。その後、明月溝保安隊は約五〇〇名に増えた。このときの大隊長は孫長山、政治主任は呉竹順、中隊政治指導員は朱在一、政務委員長は韓朱賓であった。

図們市では朝鮮人民革命軍から派遣された抗日革命闘士・任哲によって千余名の保安大隊が組織された。大隊長は任哲がなった。

このように延辺地区では、金日成主席が派遣した朝鮮人民革命軍指揮員たちによって各地に武装隊が組織

(21)　韓朱賓　一九〇八年七月三〇日生まれ。解放前、中国吉林、ハルビン一帯で反日闘争に参加。解放後、延辺地区民主大同盟明月溝政務委員長として東北解放戦争に参加。朝鮮労働党中央委員会と国家計画委員会で活動した。朝鮮戦争の時期は前線司令部被服部長。一九八四年五月八日死去。反日愛国烈士。

(22)　朱在一　一九一五年一一月一一日生まれ。解放前、和龍県で朝鮮人民革命軍に入隊して抗日武装闘争に参加。解放後、延辺保安司令部警備旅団中隊政治指導員、その後、朝鮮人民軍に服務。一九八五年四月一七日死去。抗日革命烈士。

され、彼らを統一的に指揮する吉東保安司令部が設置された。延辺根拠地をたのもしく防衛しうる武力がととのった。

ちょうどその頃、一一月中旬に延辺地区へ、中国共産党が送った雍文涛をはじめとする一四名の中国人幹部たちが到着した。

一方、延安にいた朴一禹、李益星、李権武、全宇などが来て五〇〇余名の青年たちからなる武装部隊を別途に組織し「朝鮮義勇軍第五支隊」と名づけ、朝陽川に駐屯した。彼らは分派的目的のもとに、延辺地区のすべての朝鮮人部隊は「朝鮮独立同盟」の傘下に結集せよとの布告文をだしたのち、延辺地区のすべての朝鮮人部隊は朝鮮義勇軍第五支隊に属すると一方的に宣布した。

姜健同志は事態を金日成主席に報告するとともに、主席の戦略戦術的方針にしたがい、延辺地区に生じた状況を考慮して部隊を全面的に改編した。

部隊を全面的に改編する目的は二つあった。一つは、部隊の規模が大きくなったのでそれに合わせて指揮系統を改編し、部隊の戦闘力と機動力、統一的な指揮を保障するところにあった。もう一つは、中国共産党から派遣されてきた幹部たちとの関係を調節し、朴一禹の分派的行動を防ぎ、朝鮮人民革命軍の指揮員たちがひきいる部隊と中国人部隊、そしてその他いろいろな部隊の統一的行動を保障するためであった。（朴一禹はのちに、反党宗派分子として朝鮮労働党から除名された）

中国人幹部たちが延辺地区にくる途中、敦化で国民党軍に逮捕されたことがあった。この知らせを聞いた姜健同志はソ連軍の兵士をひきつれて敦化へ急行し、彼らを救出した。

この事件の後、姜健同志は龍井で副連隊長だった金東宇を連隊長に昇格させて和龍にその部隊を駐屯させ、朴根植の部隊は敦化に移動させた。

部隊を改編したのち、吉東保安司令部を吉東分区司令部と改称した。

一九四五年九月に組織された吉東保安司令部の傘下には野戦軍と保安隊があった。野戦軍には一連隊（延吉）、二連隊（汪清）、軍政大学が属していた。保安隊には一連隊（延吉）、二連隊（朝陽川）、三連隊（汪清）、四連隊（和龍）、五連隊（汪清）、六連隊（龍井、中国人部隊）、八連隊（和龍、中国人部隊）、鉄道保安大隊、安図保安大隊、図們保安大隊が属していた。

一九四五年一一月初に改編された吉東分区司令部には政治部、参謀部、兵站部、警衛連隊があった。政治部には組織、宣伝、幹部の各科と、傘下に警衛小隊をもつ公安科があった。参謀部には作戦科、通信科、偵察科、工兵科、偵察科所属の通信中隊、偵察中隊、工兵中隊が所属していた。兵站部には経建処、管理科、供給科、糧政科、財政科、運輸科、警備小隊があった。

吉東分区司令員は姜健同志で、政治委員は雍文涛（中国人）だった。副司令員は全允弼と邱会魁（中国人）、参謀長は李平野（中国人）だった。兵站部副司令兼財政科長は鄭斗煥で通信科長は金龍河、公安科長は金中山、経建処長は韓朱賓、糧政科長は池光兼、管理科長は崔丙建であった。

野戦軍一連隊長は朴洛権、二連隊長は崔光同志、保安隊一連隊長は韓範、二連隊長は南昌洙[23]、三連隊長は崔光同志、四連隊長は金東宇、五連隊長は中国人だった。鉄道保安大隊長は南満宇、図們保安大隊長は任哲だった。

部隊の規模をみれば野戦軍は八千名、保安連隊は二千名ていどで、保安大隊は一千名、軍政幹部学校学生

---

(23)　南昌洙　一九一三年一月一一日生まれ。解放前、中国和龍県で朝鮮人民革命軍に入隊し抗日武装闘争に参加。解放後、吉東分区司令部保安隊二連隊の連隊長として東北解放戦争に参加。その後、朝鮮人民軍に入隊して一九五〇年一〇月一〇日戦死。抗日革命烈士。

は一千名ていどだった。吉東分区司令部には基本部隊のほかにも爆薬製造班、武器修理所をはじめとする軍需工場があった。ここでは自動車を改造して装甲車もつくったし、日本製の戦車も修理した。中国の出版物によれば吉東分区司令部傘下には警備（野戦軍）第一旅団、第二旅団、延吉、汪清、琿春、和龍、安図、敦化など七県の保安連隊と一個砲兵大隊が配属されていたが、その人員は無慮二万八千名に達していたという。

朝鮮人民革命軍の軍政幹部たちは武装隊を強化発展させつつも、それに必要な軍事政治幹部を養成するため一九四六年一月初、延吉に吉東軍政大学を創設した。

この大学は延辺地区だけでなく、吉東地区の青年軍政幹部を養成する軍事学校であった。吉東軍政大学校長は周保中同志で、副校長には姜健同志がなった。

軍政大学では一期に五〇〇名ていどの優秀な朝中人民の息子、娘らを入学させ、軍事政治教育をほどこした。のちには東北軍政大学吉林分校と改称し、東北解放戦争の全期間に三千七〇〇余名の軍政幹部を養成したが、そのうち二千五二〇名は朝鮮人だった。彼らは東北解放戦争の勝利と中国全国解放戦争の勝利に大きく貢献した。

正規武装隊とともに、半軍事組織の結成も忘れてはならないという金日成主席の教えのとおり、派遣員たちは延辺地区のいたるところに地域別、団体別にさまざまな名称の半軍事組織を結成した。

公安隊、基幹隊、武装民兵などの半軍事組織に参加した延辺地区の朝鮮青年は無慮一二万名にたっした。

このように延辺地区では、正規武力を一万〜二万名ほど編成しておけば延辺根拠地を敵の攻撃から死守することができるし、この地方を根拠地にして敵を敗北に追い込むことができると述べた金日成主席の教えをかがやかしく貫徹した。

朴一禹は部隊を統合したあとも分派的行動をつづけた。彼は吉東分区司令部を「朝鮮義勇軍五支隊」とよび、支隊長は李益星、一五連隊長は全宇だと言い張り、琿春に二個大隊の「義勇軍」を別途に駐屯させておいて、一九四七年にようやくそれを無くした。それは延辺根拠地創設に大きな難関をもたらした。

だが、朝鮮人民革命軍の軍政幹部たちは主席の命令をさいごまで貫き、宗派分子の策動やあらゆる難関を克服して、愛国的な各階各層を一つの統一的な革命武力として団結させることができた。

延辺地区で、根拠地を固める第一歩として強力な武装隊が結成されるや、ほかの地区でも武装隊の結成が活発に進められるようになった。

一九四五年一〇月、牡丹江地区に派遣された牡丹江軍区副司令員によって千五〇〇余名の朝鮮人青壮年からなる牡丹江軍区一四連隊三大隊と一五連隊三大隊が組織され、この年の一一月には一六連隊、一七連隊を組織した。各連隊の三大隊は朝鮮人部隊だった。その規模は約九〇〇名であった。

牡丹江地区の朝鮮人諸部隊は、牡丹江軍区司令部の指示とともに姜健同志の指示もうけた。

南満地方では、朝鮮解放以前から闘争してきた朴正徳[24]と崔容渕によって一九四五年一〇月頃、自衛的武力として一個大隊が組織された。一〇月末には一個師団の兵力に成長し、部隊名を李紅光支隊とした。

このとき、我が国の平安北道から数千名の朝鮮青年が、主席の呼びかけに応えて中国に渡り李紅光支隊に網羅された。(この部隊がのちに東北民主連軍独立四師となり、さらに中国人民解放軍一六六師となり、一九四九年七月、朝鮮に帰国して朝鮮人民軍第六師となった)

ハルビン地区では一九四五年九月二五日に、六〇〇余名の青年たちでハルビン保安総隊朝鮮独立大隊を組

(24)　朴正徳　一九一八年九月一二日生まれ。解放前、国内と中国で反日闘争に参加。解放後、東北民主連軍第四九一師団参謀長として東北解放戦争に参加。その後、中央保安幹部学校をへて朝鮮人民軍前線司令部参謀長。一九五二年一〇月一一日戦死。反日愛国烈士。

織し、一一月二五日に「朝鮮義勇軍第三支隊」に改編した。そのときの人員は千余名であった。その後、一九四六年四月には部隊を四千余名にまで拡張して師団に改編した。

吉林では、朝鮮人民革命軍から派遣された崔庸健同志の指示で朝鮮人五〇〇余名を募集して吉林軍区七二連隊を組織し、姜健同志との連携のもとに宋武旋[25]が連隊長をつとめた。

このほかにも蛟河、舒蘭など朝鮮人が多く住んでいる県庁所在地ごとに朝鮮人大隊が組織された。数多くの朝鮮人部落でも武装組織ができ、東北各地で闘争した。

金日成主席は回顧録「世紀とともに」で、その当時、東北地方では姜健、朴洛権、崔光をはじめとする抗日遊撃隊出身の優秀な軍政幹部たちの活動により、二五万名の朝鮮青年たちが東北解放戦争に直接参加していたと述べている。

一九四八年末、周保中同志が作成した三七個師団の部隊構成名簿には、一二万名の朝鮮人の名前がのっている。それによれば、一九四五年八月から一九四八年までの期間の朝鮮人犠牲者が数万名で、東北解放戦争の期間、延辺にいた朝鮮人延べ二〇余万名が前線支援に加わった。一部の回想者の話によると四平街戦闘だけでも数万名の朝鮮人が戦死したという。

東北地方における朝鮮人部隊の指揮系統は、金日成主席の指示にしたがい一九四五年九月から翌四六年八月までは姜健同志が責任者となって指揮し、一九四六年九月からは牡丹江地区に派遣されて軍区政治委員をしていた派遣員が延吉にきて、姜健同志の仕事をひきついだ。一九四八年初、東北民主連軍が東北人民解放軍に改編されたのちには、朝鮮人部隊が中国人部隊の縦隊（軍団級）または師団や連隊に配属されて戦った。

延辺地区をはじめ東北各地で、このように朝鮮人部隊が急激に組織され拡大強化されたのは、主席が具体的な方向と方途を明示したうえで、朝鮮人民革命軍の指揮員たちをこれらの地区に送り込んだためである。

延辺地区が強力な武力をもつようになってから、延辺根拠地がいっそうしっかり固められ、蔣介石国民党軍をはじめ革命の敵どもとはげしく戦って、我が方が輝かしい勝利を収めることができた。

堅固な大衆的地盤

金日成主席は朝鮮人民革命軍の軍事政治幹部たちを中国東北地方に派遣するとき、延辺根拠地をしっかり固めるには、武装隊の組織とともに党と人民政権機関、大衆団体を組織する仕事を、現地で積極的に助けてやらねばならないと強調した。

金日成主席は次のように述べた。

「共産党の地方組織をつくる仕事を、積極的に助けてやらねばなりません。まだ共産党の基層組織がないところに党組織をつくるとともに、党の拡大強化に力を注いで労働者、農民の優秀な分子で党の隊列をたえず拡大するようにしなくてはなりません。」（金日成全集、二巻二二頁）

主席は東北地方に派遣される軍政幹部たちに、中国共産党の地方組織づくりを積極的に助けてやるとともに、各地方の具体的実情と大衆の意識水準にあわせて各種の大衆団体を組織し、すべての民主勢力を団結させる統一戦線結成活動も支援せよと教えた。

派遣員たちは共産党地方組織の結成に力をそそいだ。

---

(25)　宋茂旋　一九〇八年二月一五日生まれ。解放前、中国永吉県で朝鮮人民革命軍に入隊し抗日武装闘争に参加。解放後、東北民主連軍第七二連隊長として東北解放戦争に参加。延辺朝鮮族自治州人民反航空委員会反航空室主任。その後、平壌市で水源地管理所副支配人。一九八三年四月八日死去。抗日革命烈士。

姜健同志はまず、延辺党委員会を組織して初代書記〔延辺党委員会のトップ〕となった。

一九四五年九月頃までほとんど中断状態にあった延辺地区の中国共産党活動は、党委員会発足をきっかけに活気をおびた。

延辺党委員会は、中国人共産主義者たちと力をあわせて党と大衆団体、政権機関をつくるのに主な役割をはたした。

一九四五年一〇月三日には姜健同志の保証で、鄭斗煥をはじめとする六～七名の核心分子を入党させて共産党龍井区党を組織した。同年一一月には延吉で派遣員たちが金秉奎、崔曾満、崔明煥、南龍洙など五名で党グループを結成し、南龍洙を責任者とした。

一九四五年一二月五日には朝陽川に派遣された呂英俊によって朝陽川党支部が結成され、つづいて銅仏寺、太陽村、八道溝などでも党支部が結成された。延辺地区で共産党組織が動きだすと、根拠地を固める仕事がいっそう力強くはかどった。

姜健同志は延辺にきてから、龍井で全允弼が組織した政務委員会と労働者同盟、農民同盟、女性同盟、教員同盟の経験を生かし、延辺の全地域で政務委員会と各種大衆団体を組織するようにさせた。こうして一九四五年九月末には延辺地区のすべての県と部落に政務委員会が組織され、さまざまな名称をもつ大衆団体が出現した。

新たに組織された政務委員会は悪質地主と日帝の走狗たちを処断し、彼らの財産を没収して人民たちに分け与えた。また、小作料引き下げ闘争を組織し、生産を高めるようにし、教育を奨励し、社会秩序を維持する仕事にとりかかった。

新たに組織された大衆団体も大きな役割をはたした。

なかでも姜健同志が組織した延辺民主大同盟は抜群の功績をあげた。彼は主席の統一戦線構想を実現すべく一九四五年九月一九日、延吉市で労働者、農民、青年、女性代表大会をひらいた。代表大会には各県の労働者、農民、青年、女性団体の会員三万余名を代表する六〇〇余名の代表が参加した。（延辺朝鮮族自治州概況〈朝鮮語〉、延辺人民出版社、一九八四年、八六頁）

代表大会では延辺労農青女総同盟を結成し、執行委員会を選出した。こうして延辺地区の労働者、農民、青年、女性運動は統一的指導をうけるようになた。

その後、一九四五年一〇月二七日、延辺労農青女総同盟は執行委員会をひらき延辺民主大同盟と改称した。改称後、同盟の綱領を採択した。

綱領には「日本帝国主義が中国に所有する鉱山、鉄道、工場、銀行を没収して人民の所有にすること」「スパイと売国逆賊を逮捕して人民の裁判にかけること」「小作料と利子を引き下げる政策を実施し、土地は耕す者に、という原則を実施すること」「日本帝国主義が所有するすべての土地を没収して土地のない農民に無償で分配すること」「日本帝国主義の奴隷化教育制度を徹底的に廃止すること」「男女平等権を実現すること」など一四か条が規定されていた。（延辺朝鮮族自治州概況〈朝鮮語〉、延辺人民出版社、一九八四年、八六頁）

会議は姜健同志の司会ですすめられた。まず彼が演説し、ついで同盟委員長を選挙した。部署として総務部、労働部、農民部、青年部、監察委員会を設けた。そして綱領と規約を採択し県、市、区、村単位に下部組織を設けることにした。九月末から一〇月初にかけて各地方に同盟組織が結成された。

会議ではまた、人民政権形態として「延辺専員公署」を組織し、その傘下に「県公署」「市公署」「村公署」を組織するようにした。一九四六年二月二〇日づけ延辺日報の報道によれば延辺民主大同盟の会員総数

は一四万五千余名に達した。当時の延辺五県の人口は合計八五万名であった。〔前掲書八七頁〕

民主大同盟の会員総数の九四％が朝鮮人だった。

延辺民主大同盟の核心分子は、解放前に金日成主席の抗日遊撃隊の影響をうけて反日闘争に参加した愛国者たちであった。

延辺地区民主大同盟の責任者は姜健同志で、総務部長は鄭斗煥だった。

民主大同盟は多くの仕事をした。とりわけ国民党地方組織や敵対勢力の破壊策動との闘争で重要な役割をはたした。

日帝が敗北すると、国民党は東北地方を掌握するために彼らの地方組織をつくった。延辺地区でも、彼らが結成した地方組織が堂々と看板までかかげていた。当時、延吉市内には国民党吉林省党部巡視員が組織した「中国国民党吉林省延吉弁事処」の看板と、地方の国民党の連中が勝手にでっち上げた「中国国民党延吉県党部」という看板がかかげられていた。彼らは「治安維持会」「保安隊」などという反動団体をつくり、それらをあやつって朝中人民の離間をはかり、社会秩序を混乱させた。民主大同盟が提起した小作料「三・七制」「四・六制」に反対し、「五・五制」を主張した。〔三・七制とは地主へ納める小作料を収穫物の三割とし、農民の取り分を七割にする制度〕

民主大同盟はこれにたいして国民党の反動的本質を暴露し、彼らの策動を封じ込める攻勢をかけた。

当時延吉には「韓民報」「光復報」という二つの反動新聞があった。「韓民報」は南朝鮮の李承晩〔アメリカ帰りの独裁政治家〕の反共思想を吹き込む朝鮮語新聞だった。「光復報」は蒋介石の国民党反動派の利益を代弁する中国語新聞であった。この二つ新聞は人民の健全な思想生活に否定的な影響を及ぼしていた。

民主大同盟はこれら二新聞の発行を禁止し、民主大同盟の機関紙として「延辺民報」を創刊した。この新聞は朝鮮語版と中国語版で発行された。

延辺民主大同盟はまた、人民武装隊を組織して土匪や日本軍敗残兵、それと結託したかいらい満州国残余勢力、馬賊を粛清する活動を力づよく展開した。日帝敗北直後に人民政権がまだできていない隙をついて、各地に潜伏した日本軍敗残兵とかいらい満州国残余勢力は、人民の生命財産と安全をおびやかしていた。延辺民主大同盟人民武装隊は、彼らを仮借なく懲罰し社会秩序を樹立していった。

民主大同盟は各階各層を網羅する大衆団体ではあるが、その基層組織、とりわけ区、村組織は党の基層組織と基層民主政権が正式に出現するまで民政事務を処理し、生産を組織し、教育を運営し、罹災民を救済し、武装を管理するなど事実上基層政権の役目をはたした。

たとえば日帝は敗北直後、延辺地区の鉄道をみな破壊し汽車を動けなくした。そこで民主大同盟は鉄道労働組合を組織し、彼らを発動させて機関車と車両を修理し鉄道を復旧して、一九四五年九～一〇月頃には汽車を走らせることができるようになった。この一例をみただけでも、民主大同盟の役割がいかに大きかったかが分かる。

延辺のすべての県や村に政務委員会を組織し、それを人民政権形態の県公署、市公署、村公署に昇格させ「延辺専員公署」を設立できるようにしたのは民主大同盟の功績である。

だからこそ当時、敵対勢力は民主大同盟を眼に刺さったトゲのように憎み、同盟の幹部と会員たちにテロを加えようと血眼になった。

土匪がひそんでいた汪清県天橋嶺と羅子溝、延吉県三道湾、和龍県南坪、安図県宋江などで一〇〇名以上の同盟幹部と会員が蒋介石一味と結託した土匪らの手で殺害された。〈延辺朝鮮族自治州概況〈朝鮮語〉、延辺人民出版社、一九八四年、八九頁〉

これは延辺民主大同盟の革命的役割を、敵がいかに恐れていたかを立証するものである。その反面、人民は延辺民主大同盟を積極的に支持した。

延辺民主大同盟はその後、党組織と政権機関が整然と樹立されたので自らの使命を終え、一九四八年七月に自発的に解散した。大同盟で働いていた幹部たちは土地改革と政権機関の強化充実に動員され、あるいは勇躍、東北解放戦争の戦場にかけつけた。延辺民主大同盟が存在した期間はそれほど長くなかったが、その成果はひじょうに大きかった。

東北民主連軍副総司令員・周保中は一九四六年一二月、吉林省民族事業会の演説で延辺民主大同盟の役割と功績について次のように言及した。

「一五万名以上の会員をもつ延辺民主大同盟は、姜信泰をはじめとする延辺臨時党委員会の支持のもとに結成されたのだが、そのメンバーの九九％が朝鮮族であった。吉林省民主連盟も王效明、李維民など中共吉林市委指導者たちの指示にしたがって黄在東、梁煥俊など朝鮮の同志たちを中心に結成されたものである。延辺民主大同盟は建軍、政権改造、清算闘争の発動、土地改革、国民党特務粛清、土匪粛清、前線支援などすべての闘争で決定的役割をはたした。初めの一時期は実際上、政権の役割すら担った。民主大同盟の歴史的役割と功績はけっして消すことができない。」〈中国朝鮮民族の足跡叢書〈五〉「勝利」〈朝鮮語〉、民族出版社、一九九二年、七〇七頁）

民主的諸改革の実施

土地問題は民主主義革命をなしとげるうえでの基本問題であり、延辺地区の人民生活を解決して根拠地を固めるうえでも重要な問題であった。それは延辺地区の経済が農業を基本として成り立っているため、いっそう切実な問題となっていた。

延辺地区を強固な革命根拠地にきずくには軍事力も重要だし党、政権機関、大衆団体建設も緊切だったが、経済問題解決がきわめて重要な問題のひとつだった。

当時、延辺地区の農民は苛酷な封建的搾取のもとで飢餓と貧困にあえいでいた。人民生活を解決する裏づけがなくては、東北解放戦争を物質的に支援する基地の役割どころか、自活すらおぼつかない。

そのため金日成主席は派遣員たちに、延辺地区で土地改革を早急に実施し農民たちを封建的桎梏から解放するよう積極的に援助するのが、きわめて重要だと強調した。

延辺地区の土地は一握りにもならない地主に集中し、また、多くの土地は公有地という名目で日帝が握っていた。東洋拓殖会社、満州拓殖会社のような日帝とかいらい満州国の経済略奪機構が、地主と結託して多くの土地を略奪した。いわゆる公有地、開拓地、国有地、軍用地、県有地、墓地、学田などがそれである。それらは各地の耕作地の三〇～五〇％を占めていた。統計によると公有地が耕作地にしめる比率は、安図県で六〇％、和龍県と敦化県でそれぞれ五〇％、延吉市と琿春県でそれぞれ三〇％、汪清県で二六％だった。

東洋拓殖会社と満州拓殖会社は、自分たちの所有地で働く農民から高い小作料をとりたて、あるいは土地を割賦で高く売りつけた上に、さらに高い利子をつけて高利貸し搾取までした。

地主と富農は当時七％しかいなかったが、私有地の六二・五％をもっていた。農村人口の七二・五％をしめる貧雇農は私有地総面積の一九・九％しかもっていなかった。〈延辺朝鮮族自治州概況〉（朝鮮語）、延辺人民出版社、一九八四年、一〇一頁）

地主、富農は作柄に関係なく重い小作料をとりたて、小作人に無報酬で自分の家の雑事をさせた。日帝とかいらい満州国の金融機関、そして地主、富農は高利貸しでさらに農民を搾取したのだが、その年利がふつう五〇％ないし六〇％以上であった。

このように、自らの血と汗で育てた収穫物をそっくり奪われていったので、農民たちの生活は日ごとに悲惨になっていった。

延辺地区に派遣された朝鮮人民革命軍の軍政幹部らは、一九三〇年代前半期に豆満江沿岸の遊撃区で金日成主席が実施した土地改革の経験と、解放後、我が国で一九四六年三月に実施した土地改革を手本にして延辺地区で土地改革を実施した。

第一段階では日帝侵略者とかいらい満州国がもっていた公有地を没収し、土地が無いか、少ししか土地をもたない農民たちに無償で分配した。

調査によれば土地改革第一段階で延吉、琿春、汪清の三県で分配された公有地は八万二千ヘクタールに達したが、これは三県の総耕作地面積の三分の一の広さであった。（前掲書一〇二頁）

公有地を分配することで、土地が無いか土地の少ない農民たちの土地問題は初歩的に解決された。だが地主、富農たちは依然として小作料と高利貸しで農民たちを押さえつけていたし、日帝やかいらい満州国の残余勢力とむすんで新政権転覆の凶計をたくらんでいた。したがって封建的土地所有制を徹底的になくさずには、延辺根拠地をしっかり固めることができず、農民の根本問題も解決できなかった。

土地改革の第二段階では、貧雇農団体を発動させて悪質地主らを逮捕し、彼らの土地と財産を没収して貧雇農に分配した。

土地改革をすすめる過程で一部に左右の偏向があらわれた。そのような現象を克服するため土地分配委員会をもうけ、この委員会を通じてあやまちを正すようにした。土地分配委員会はまず貧雇農の要求を満たし、土地が平均より少ない農民にたいしては足りない分を補ってあげた。地主と富農には自らを鍛錬、改造できるよう、ふつうの農民と同じ広さの土地をもつことを許した。

敦化県と額穆県を除く延辺の五県には一五万四千二四三戸（そのうちの八五・六％が朝鮮人）に七一万八千八八六名（そのうちの八一・九％が朝鮮人）の人口があった。そのうち、農家一一万六千六八一戸（五県総戸数の七五・六四％、人口にして五五万一六七名）へ合計一八万二千六四ヘクタールの土地が土地改革の結果、分与された。これは総耕地面積二二万二千七六七ヘクタールの八一・七二％に相当する。（前掲書一一四頁、中国朝鮮民族の足跡叢書〈五〉「勝利」〈朝鮮語〉、民族出版社、一九九二年、四〇六頁）

貧雇農たちは家と家畜、農機具、糧穀、衣服なども分与された。

その後、人民政権は農民たちの闘争の獲得物を保護する法令を発布し、土地証書をあたえて土地改革を法的に裏付けた。

土地改革は延辺地区の農民、とりわけ朝鮮人にとって大きな意義があった。

延辺の大多数の朝鮮族農民たちは火田民〔焼畑農民〕の子孫だった。彼らは日帝と地主に土地と財産をうばわれ、新たな土地を耕すために血と汗を流したが、土地所有権がないので小作人に転落してもっとも貧しい暮らしをしてきた。生まれてはじめて土地の主人になった彼らの喜びは、想像を絶するものがあった。先祖代々、寝てもさめても欲しかった土地、その宿願が実現したのである。

彼らは共産党と人民政権を絶対的に支持し、根拠地を固める仕事に積極的に取り組み、武装隊にも真っ先に参加した。

派遣員たちは土地改革で高揚した農民の熱意にあわせて、農業生産を高める諸対策を打ち出した。その結果、住民の需要をみたしてなお、東北解放戦争に食糧をはじめとする多くの農産物を送ることができるようになった。

農業だけでなく他の部門でも、民主的改革を実施して延辺根拠地を経済的にしっかり固めた。

金日成主席が派遣した朝鮮人民革命軍の軍政幹部は、中国共産主義者たちと緊密に協力して延辺地区の鉄道、工場、企業所、銀行、通信などを掌握して人民の所有になったことを宣布し、武装隊と革命組織を発動させてこれら革命の獲得物を徹底的に保衛した。

また派遣員たちは、教育の民主化と大学の創設をも積極的に支援した。

金日成主席は一九四八年一〇月二三日、当時、延辺専員公署責任者として活動していた林春秋(26)同志に会って、教育事業に力を入れているのは良いことだと、次のように語った。

「新しい社会を建設するには、人材を育てる教育事業が大切です。

いま、延辺地区で民族大学創設事業を進めているのは、たいへん良いことです。延辺地区に朝鮮民族のための大学が創設されれば、中国東北地方に住んでいる朝鮮青年の教育問題も解決されるだろうし、延辺地区の教育文化発展もいっそう促進することができるでしょう。」（金日成全集、八巻三八七頁）

派遣員たちの努力で、一九四九年には日帝統治期より小学校数は一六・一%、小学児童数は三四%増えた。この時期に中学校は三一校あったが、そのうち朝鮮族中学校が二八校。中学生総数一万三千七九七名のうち九一・七%が朝鮮族だった。日帝統治期にくらべると中学校数は七二・二%、中学生数は八八・五%増えたことになる。」（延辺朝鮮族自治州概況〈朝鮮語〉、延辺人民出版社、一九八四年、一四四～一四五頁）

一九四九年四月初、中国で最初の少数民族総合大学である延辺大学が延辺市に創立された。この大学の創立は朝鮮族の大きな誇りとなった。

そこには主席がさしのべた愛の手と、その志を実現しようと奮闘した朝鮮人民革命軍の軍政幹部たちの血と汗がしみこんでいた。

延辺地区だけでなく牡丹江地区にも主席の愛の手はさしのべられた。

一九四七年二月一六日、中国牡丹江地区朝鮮人民主連盟代表慰問団が平壌にきて、金日成主席の接見をうけた。

主席は一九四五年九月初、凱旋の途次、牡丹江に立ち寄り金東烈、柳亨烈、安時雄など当地の活動家らと会ったことがある。そして彼らに、いまや祖国は解放されたので、我らの手で立派な国を建てねばならないと、彼らの行く手をさししめした。当面、彼らが結成した高麗人協会を民主大同盟といったような名前に改めるよう勧めた。牡丹江地区の活動家たちは団体名を朝鮮人民主同盟と改称した。彼らはそれまでの活動成果を報告するとともに、今後の方針をうけとるために訪ねてきたのであった。

金日成主席は彼らに会い、在中同胞の民主主義的民族権利を守り、祖国の完全自主独立のためねばりづよく努力していることを評価しつつ、今後の活動方向を明らかにして、次のように述べた。

「こんにち、諸君の活動でもっとも重要なのは、牡丹江地区にいる我が同胞とその子女たちのための教育事業と教科書出版事業、新聞発行事業です。」

日帝は朝鮮人民の民族意識と固有の文化を抹殺しようとした。日帝侵略者は母国語を使わせないようにし、朝鮮人の姓名を変えさせた。朝鮮人に教育の道を閉ざし、科学と技術も学べないようにした。解放後、我が

---

(26)　林春秋　一九一二年三月八日生まれ。解放前に朝鮮人民革命軍に入隊し抗日武装闘争に参加。解放後、中国延辺地域政権機関で専員公署専員、延辺地区党委員会副書記。その後、朝鮮民主主義人民共和国最高人民会議常任委員会書記長、共和国副主席、党中央委員会政治局委員として活動していたが、一九八八年四月二七日逝去。抗日革命烈士。

人民は真の自主独立国家を打ち立てることができた。北朝鮮臨時人民委員会の指導のもとにわずか一年半のあいだに歴史的な民主改革を輝かしくなしとげた。

以上のように語った後、主席は、教育事業は民族の将来と革命の勝敗を左右する重要な仕事である。だからこそ我々は、解放のその日から教育事業にまっさきに取り組んだのだと述べた。

主席は、我が国では日帝の植民地奴隷教育制度を撤廃し、民主的教育制度を設けて新しい世代に学びの道を大きく開き、青少年の頭の中から日本帝国主義思想の残りかすを清算し、民主主義思想で武装させていると語った。そして、在中同胞子女たちに民主主義的民族教育を実施するため闘うよう教えた。

朝鮮人の住んでいるあらゆるところに学校を建て、すべての同胞子女に学びの道を開き、民主主義的な思想で教育し、高い民族的自負心をもって祖国を愛し、民族性を失わぬよう教育すべきであると主席は強調した。主席は、そのためには同胞子女たちに我が国の言葉と文字、我が国の歴史と地理を教えるのに深い注意をはらわねばならないと述べた。

つづいて金日成主席は在中同胞のなかで文化啓蒙活動を力づよく展開し、彼らを民主主義思想で教育すべきであると指摘した。

そして、人民大衆を政治的に目覚めさせるうえで出版物、とくに新聞が重要な役割をはたす、いまあなた方が発行している人民新報は基本方向を正しく定めて編集されている、と述べた。

在中同胞を教育するうえで重要なのは、自主的立場を堅持し朝鮮人自身の力で祖国の完全自主独立をなしとげるという立場を確固とつらぬくようにすることである。外国で活動する彼らにとって国際民主陣営諸国人民、とりわけ中国人民との親善団結をつよめ、自由を愛する世界各国人民との親善協力を発展させつづけなくてはならないと主席は指摘した。

接見の終わりに、金日成主席は中国東北地方の同胞に送る手紙を直筆で書いた。そして牡丹江同胞の子女たちに必要な教科書やノート、鉛筆など多くの物資を贈った。

牡丹江地区の活動家たちは、東北解放戦争が激しかった時期であったにもかかわらず主席の手紙を同胞たちに伝達し、そこに示された課題を貫徹する集会を広範に組織し、主席の教えのとおりに活動すべく努力した。

東北地方で戦火が熾烈だったときに、育ちゆく次代の教育問題をはじめ在外同胞の活動と生活にいたるまで深い関心をよせてくれた主席にたいし、牡丹江地区の人民はいつまでも忘れずにいる。

延辺地区では、土地改革をはじめとする民主改革を実施するとともに人身売買や娼婦、妾の制度を徹底的になくすのにも大きな関心をはらった。

一九四六年二月初めのある日、姜健同志は朴洛権とともに延吉市中心街の西端にある黄海舘に行った。そこにいまなお娼婦がいるとの話を聞いたので、彼女らを解放するためだった。

姜健同志は夜一一時が過ぎると、忙しく立ち働いている二三歳の娘をよびとめ、どうしてここで働くことになったのかとたずねた。娘は警戒するような表情で一行をうかがいながらも、身の上を語った。

彼女は一九四五年初に黒龍江省から叔父をたよって延吉にきたのだが、悪いやつにだまされて三千円で売られてきたのだと言った。娘は涙を流した。

その瞬間、憤激した朴洛権は空中に向け拳銃を二発撃った。銃声を聞いた妓楼の主人は真っ青になって飛んできた。

姜健同志は、ただちに女性たちを呼び集めろと命じた。彼は女性たちにたいし、我々は金日成将軍が派遣した朝鮮人民革命軍だが、あなた方を解放するためにここにきた、君たちに押し付けられた借金や契約はすべて無効とする、誰かがこれを違えればただちにこの姜信泰に知らせるがよいと言って、主人を脅した。（中国朝鮮族の足跡〈五〉「勝利」〈朝鮮語〉、民族出版社、一九九二年、四二九頁）

二千円で売られてきた女性、地主からの借金が返せず妾にされ、その地主の手でここに売り飛ばされた女性、嫁入りさせてやるとだまされ、金をまきあげられたあげくこの妓楼に売られた女性。集まった女性たちは、いきなり訪れた自由が信じられなくて初めのうちは呆然としていたが、ついに一斉に慟哭した。

姜健同志は延吉での経験をいかし、延辺地区の各地から一切の売春制度と人身売買、借金のかたに女性を連行する現象を根絶する、強力な措置を講じた。

明月溝には解放前から妓楼が多かった。人口三万九千の街に妓楼が三〇余軒もあり、そこに二〇〇名以上の娼婦がいた。日帝敗北後もかいらい満州国の役人やごろつきどもで組織された治安維持会なる団体が一九四六年初まで存在した。そして永慶、両江、万宝などの地区を統制下におき、女性を強姦、陵辱し殺害までした。彼らは国民党軍がもうそこまできているから、軽率に共産党の言うことを聞くなと娼婦解放、男女平等をとなえる共産党に挑戦した。

姜健同志は民主大同盟を発動させて、女性解放問題をテーマにした大会を連続的に四回も開かせた。毎回五〇〇～六〇〇名の女性が参加した。そのたびに妓楼の主たちを引っぱり出して大衆審判を受けるようにした。たまらず彼らは、女性たちを解放した。大部分は、朝鮮から満州にまで売られてきた女性たちであった。

婦人団体では故郷に帰りたい者は帰し、残りの者には適当な仕事をあっせんした。紡績工場、そば屋を運営して一度に数十名ずつ受け入れもした。

人身売買の根絶――それは日帝敗北直後の延辺地区でくりひろげられた世紀的な変革の象徴であった。

変革のなかで延辺地区はいっそう革命化され、延辺根拠地はさらに堅固になっていった。

主席の教えのとおりに延辺根拠地をしっかり築いたからこそ、蔣介石国民党の軍事的攻勢と経済封鎖を果敢に粉砕し、東北解放戦争の勝利をなしとげることができた。

中国の図書は、金日成主席の関心と力づよい支援で延辺地区に革命武力、党、政権機関、大衆団体が組織されることにより、この地区は革命の砦としてそびえ立った、革命根拠地としての延辺は戦乱の渦中にあった東北地方を蔣介石のくびきから解放する闘争で、中国共産党と人民が依拠することのできる足場であった、と書いている。

金日成主席の天才的英知と非凡な知略が生んだ延辺根拠地は、東北解放戦争勝利の鍵となった。

一九四五年日帝敗北後しばらくの間、政治的空白地として残された東北地方を誰が先に掌握するのかをめぐって、中国共産党と蔣介石国民党とのあいだに熾烈な政治軍事的対決戦が展開されているとき、金日成主席は先手を打って朝鮮人民革命軍の軍政幹部を延辺地区に送り込み、革命根拠地をきずいたのであった。

これは、中国革命を支援する朝鮮革命家の国際主義的支援の重要な結実であった。主席は日帝敗北直後の中国政治情勢の複雑さをあらかじめ見通し、朝鮮人民革命軍の軍政幹部を東北地方に派遣し、蔣介石国民党軍が入ってきて日帝から政権を接収する前に、延辺地区にしっかりした城塞をきずかせた。こうして中国共産党の活動に有利な局面をひらいたばかりか、東北根拠地創設の貴重な経験と輝かしい模範を創造した。

中国共産党は、朝鮮人民革命軍の軍政幹部たちが金日成主席の指示で延辺地区に派遣され、根拠地建設に必死で取り組んで武装隊伍をすでに一通り組織しておいた一九四五年一一月になって、「強固な東北根拠地を創設すること」についての指示を下達した。いまも中国東北地方の人民は、延辺根拠地創設の開拓者、先駆者は、主席が派遣した我が軍政幹部たちだったと言っている。〈吉林地方党史研究文粋〈中国語〉、吉林人

民出版社、二〇〇〇一年、一九八～二〇〇頁)

このようにいちはやく、延辺地区に革命の防護柵をはりめぐらしたおかげで、一九四五年一〇月末頃から蔣介石国民党が洪水のように東北地方におしよせたにもかかわらず、延辺地区では彼らは公開的に活動できなかった。

中国共産党とその軍隊は、延辺地区にしっかり依拠して新たな東北根拠地創設を力づよく推し進めることができた。

当時の中国出版物は、一〇万余名もの八路軍、新四軍部隊と二万余名の中国人幹部たちが朝鮮人集住区域を拠点にすることができたのは、朝鮮人民革命軍の軍政幹部と隊員たちが党を建設し、革命団体を結成し、人民武装隊伍を組織し、民主政権を樹立して活動の基礎をしっかり固めて局面を打開したことと、切り離して考えることができないと書いた。

延辺地区は軍事基地としても意義が大きかった。

中国東北地方の重要戦略要衝地である延辺地区を基本軍事基地として、中国共産党は敵の側面と後頭部を打撃することにより、「まず南方を占領し、後に北方を占領」するという蔣介石の「先南後北」戦略を撃破し、「三下江南四保臨江」作戦、すなわち三度松江を渡って四度臨江街を守り抜いた作戦を成功させることができた。

また延辺根拠地は、政治的にも軍事的にもしっかりした東北民主連軍と朝鮮人部隊が、ここを出発点として東北地方の主要都市を攻撃する作戦の成功を保障した。

延辺地区の人民は平時は食糧と被服、武器装備を生産し、いったん戦闘がはじまれば負傷者の後送、食事づくりをし、時には銃を手にして戦闘員とともに戦った。さらに前線に出てゆき、慰問公演をするなど兵士の士気をたかめた。

延辺地区人民の闘争について、元東北民主連軍指揮員は次のように書いた。「蒋介石一味との国内戦争の全期間、延辺は軍隊支援運動の先鋒となり、歴史に記録されるべき全国的模範を創造した。三年間の東北解放戦争期間に、この地区から約五万名の将兵と一二万余名の担架隊員が前線にでて勇戦奮闘した。一九四七年の一年間に、軍隊に入った青年たちの数は一万三千余名にたっした。」

中国の一筆者は「……周保中と吉林省委の指導のもと延辺地区を基本軍事基地にして敵の側面と後頭部をおびやかし、彼らの南満作戦を阻止し、臨江街を保護し、江南三下の作戦を力づよく支援し、東満解放地域を強化拡大した。」と書いた。

延辺根拠地は後方基地の役割も果たした。

延辺地区は軍事戦略上、交通上の要衝地であるため、この地区にしっかりした根拠地をつくることにより、たのもしい後方基地の役割をりっぱにはたして東北解放戦争の勝利に大きく貢献することができた。

一九四六年六月、蒋介石国民党軍が大規模な攻撃をくわえてきたとき、東北地方の中国共産党の主力部隊と党、政権機関、後方機関が延辺地区に疎開し、ここで兵力を補充し、食糧と軍需品をうけとって隊伍を整備補強し、負傷兵を治療した。また、南満と中国関内〔中国本土〕の一部の部隊も、我が国を経由して延辺地区に集結したのち再び目的地へ出発した。我が国が支援した武器、弾薬、被服、軍需物資もここで受けとって管理したし、朝鮮の北部地方に疎開させておいた東北民主連軍の戦略物資も、ここで受けとってから供給した。

東北解放戦争勝利に大きく貢献した延辺根拠地の巨大な役割は、金日成主席の不滅の業績と労苦を離れては考えることができない。

〔訳註4〕
延辺地区　間島地方に同じ。三〇頁の訳註参照。

第三章　国家的後方の役割

金日成主席は東北解放戦争の全期間、中国人民に私心のない援助をした。

当時、朝鮮の状況はひじょうに困難であった。日本帝国主義が敗北したあとに米帝国主義によって我が国は二つに分断された。米帝国主義は全朝鮮とアジア、ひいては世界を制覇する足場として南半部を占領し、共和国北半部にたいする侵略騒動を毎日のようにくりひろげていた。

しかし、金日成主席は中国人民が我々よりももっと苦しい境遇にあるといって、誠意をつくして国際主義的義理を果たした。

中国の党と政府の指導幹部たちが、いまなお主席を忘れないでいる重要な要因の一つは、まさにその当時の困難な状況のなかでも、彼が私心なく中国革命を助けてくれた恩義が身にしみているからである。

一九五〇年七月、中国の周恩来総理は、我が国にくることになった中華人民共和国の代理大使とその一行にたいしつぎのように強調した。「あなた方は金日成同志に会ったら、朝鮮の党と人民が我々の困難なとき助けてくれたことに謝意を表さなくてはならない。歴史上、朝鮮の同志たちが中国革命に貢献した事実はあなた方もよく知っていることと思う。だから朝中人民の親善はとても深い。我々が苦しいときに朝鮮の同志たちが与えてくれた援助を、つねに忘れてはならない。」

東北解放戦争の時期は中国に人民の国が建てられる前だったが、中国の革命家と人民は事実上、朝鮮というたのもしい「国家的後方」を持って戦ったようなものであった。

常設兵站機関——朝鮮駐在東北局弁事処

解放後、我が人民は国の主人公となったが、中国では日帝敗北後、米帝国主義にそそのかされた蔣介石国民党が共産党にたいする国内戦争をおこし、人民の政権を樹立する闘いはつづいた。

当時、中国共産党中央委員会東北局が東北地方の政治、経済、文化、軍事など全般をつかさどっていたが、当然ながら蔣介石国民党軍が占領している地域には権威がおよばなかった。したがって、一部の解放地区に地方人民政府が樹立されはしたものの、それは全東北地方を代表しうる主権機関にはなりえなかった。

一九四六年初、国民党反動どもは米帝国主義の積極的な支持と庇護のもとに、多くの兵力と現代的な装備を用いて中国東北地方を一気に呑みこもうとした。

その頃、共産党の軍隊は東北地方に強固な根拠地もきずけなかったし、地方政権もまだ組織できずにいた。それればかりか、多くのかいらい満州国残余勢力、土匪、ごろつき、流浪民、はては日本軍敗残兵までが共産党軍の隊列にもぐりこんできた。彼らは、いざ国民党軍が大々的に攻撃しはじめると四万〜五万名も逃走または投降した。はなはだしくは共産党から派遣された幹部たちや部隊の骨幹を殺害さえした。（「砲煙千里」〈中国語〉、遼寧民族出版社、一九九七年、二七六頁）

撫順では一個旅団が国民党軍に投降したかと思えば、周保中部隊では一度に七千名も逃走、投降した。敦化県保安隊では八個中隊のうち七個中隊が投降し、朝鮮人中隊だけが残った。李運昌がひきいる部隊の四万余名は、錦州から撤退して熱河までくる間にほとんどが逃走、投降し、やっと五千余名しか残らなかった。（前掲書、二七六頁、「中国朝鮮族歴史研究論叢2」〈中国語〉、延辺大学出版社、一九九二年、五三頁）

統計によれば合江、牡丹江、松江、龍岡、嫩江で投降した人員は三三万六千余名で、殺害された幹部は一五四名におよんだ。

当時、北満でも三分の二以上の県と省を国民党反動派がにぎっていた。そればかりか、ソ連が国民党政府とむすんだ中ソ友好同盟条約にしたがって、東北の行政権を国民党に譲り渡すと、中国共産党軍はやむをえず瀋陽、長春などの大都市から撤収せざるをえなかった。（前掲「砲煙千里」、二七六頁、前掲「中国朝鮮族歴史研究論叢2」五三頁）

国民党軍は急速に錦州、瀋陽、長春、梅河口、吉林、蛟河などの広い地域を掌握し、東満と南満との連携、南満と北満との連携を遮断したので、共産党軍はやむなく後方にある丹東、通化地区を放棄せざるをえなかった。そのため南満の負傷兵と家族、後方人員の撤収するところがなくなってしまった。

一九四六年、国民党軍が重要幹線である瀋陽—長春間の鉄道を占領してからは、東北の食糧と石炭、大連の食料品と被服、医薬品と医療器具、工業原料などを輸送できなくなり、前線と後方にはきわめて厳しい情勢が生じた。

東北地方の交通がこのように分断された状態だったので、輸送対策を早急に立てることが切迫した課題となった。そこで中国共産党中央委員会東北局は、朝鮮の北部地帯に水陸輸送路を開いて人員と物資の輸送を保障してほしいと我が国に申し入れてきた。

このとき主席は中国側の申し入れを快諾し、我が国の北部地帯を、南満と北満とを連結し、中国東北地方と関内〔中国本土〕とを結ぶ回廊として利用できるようにする、決定的に重大な措置を講じた。

鴨緑江、豆満江に沿って丹東市から図們市にいたる中国側国境沿線の延長距離は八〇〇余キロメートルに達する。その国境沿線の対岸が我が国〔朝鮮〕の北部地帯である。これを中国東北地方の秘密ルートとして利用できるようにしたのである。

中国共産党では、この回廊を利用した輸送業務の主管機構が必要だと痛感した。というのも、一時的ではなく戦争の全期間、我が国との連携を持ちつづけなくてはならないからであった。

主席はこの申し入れも快くうけいれ、必要な実務的問題を至急に解決できるようにした。

我が国にソ米共同委員会が駐在し、ヤルタ協定が発効されているのを考慮して、我が国と中国共産党側が弁事機構を設け、それを通じてさまざまな方法を適切に組み合わせて仕事を進めることにした。こうして、内部的には朝鮮駐在東北局弁事処と称し、外部的には平壌利民公社の名称で、中国東北解放作戦に必要な物資、人員の輸送と物資交流をおこなう常設機構が設置された。

中国側から朱理治と蕭勁光が一九四六年七月に平壌にきて正式に朝鮮駐在東北局弁事処を組織し、九月に蕭勁光は帰国、朱理治がこの弁事処の全権代表として任務を遂行することになった。(「遼瀋決戦」上〈中国語〉、人民出版社、一九八八年、六二五頁)

当時、朝鮮駐在東北局弁事処があったのは平壌市の戊辰里一〇四番地であった。

弁事処は秘書、商務、運輸、防諜、簿記、総務などの部署をそなえていた。中共東北局とは無線で正常な連係を保った。弁事処は一九四六年七月から一九四九年二月まで存続した。

当時、弁事処の指導幹部は文士楨、李思敬、周力、李洋明、李景天、倪蔚庭であった。斉光、倪震、黄友年、楊振栄、李文和、黄林、白玉洪などは秘書、商務、運輸、防諜、簿記、総務の仕事をした。

朝鮮語とロシア語の翻訳員は姜龍球、徐在鉉、丁盛烈、劉毓泉であった。仕事の量が増えるにつれて南浦、新義州、満浦、羅津の四ヵ所に弁事処の分処を置いた。その看板は平壌利民公社〇〇分処とした。(「中国朝鮮族歴史研究論叢2」〈中国語〉、延辺大学出版社、一九九二年、五四頁)

分処の責任者とメンバーはみな中国東北地方の各根拠地から選抜された。南浦分処では周力、宮和軒、新義州分処では李長庚、王先成、満浦分処では王作藩、羅津分処では朱鴻昇、呂亮屏が働いた。平壌弁事処の人員は一〇〇名ほどだった。分処の人員は業務量によってさまざまだったが、羅津分処では一〇〇余名の職員と五〇〇余名の労働者がはたらいていた。分処のうち、ここの人員がいちばん多かった。(「遼瀋決戦」上〈中国語〉、人民出版社、一九八八年、六二六頁、「中国朝鮮族歴史研究論叢2」〈中国語〉、延辺大学出版社、一九九二年、五三〜五七頁)

平壌弁事処と分処の任務は基本的に同じだったが、一部の分処は、その所在地によってすこしずつ違っていた。

中国関内の人員と物資は国境を越えて南浦に集中した。また負傷兵と戦略物資もそこへ集中してから南満、北満におくった。新義州と満浦からは食糧、加工食品、布地と石炭などをあつめて送ったり、一部の人員を羅津経由で東北地方に送り込むなどをした。

重要な面談や交渉は基本的に平壌弁事処が受け持った。

朝鮮駐在東北局弁事処の設置は、主席が東北解放戦争勝利のために講じた、いま一つの重要な戦略的措置であった。

弁事処は、共産党軍が南満で守勢から攻勢に移れるようにして国民党軍の解放地区攻撃を阻んだばかりでなく、全東北地方の解放をめざす戦いに巨大な寄与をした。

主席は東北地方の急場をしのぐ一時的な、数度の支援活動ではなく、この弁事処をつうじて東北解放戦争の全期間、継続的に支援した。

弁事処が存在した二年七ヵ月間、それは主に五つの方向で活動を展開した。

第一に、負傷兵の安全な治療と戦略物資の移動。

たとえば国民党軍の攻撃をうけて共産党軍が丹東、通化から撤収するとき一万八千名の負傷兵と家族、後方人員が我が国の領土内に撤収した。このとき戦略物資の八五％以上を鴨緑江の東側対岸、すなわち我が国〔朝鮮〕の領内に移動させた。（「遼瀋決戦」上〈中国語〉、人民出版社、一九八八年、六二七頁）

第二に、戦略物資と、国境を越えて朝鮮に入ってきた人員をふたたび中国東北地方に送りこむこと。そのために我が国の水路、陸路の四つの線を利用した。

四つの線のうち、第一線は中国東北地方の丹東から鴨緑江をわたって朝鮮領内に入り新義州、南陽をへて東北地方にふたたび入る陸路で、第二線は東北地方の通化、集安から朝鮮領内に入り満浦をへてふたたび東北地方の図們にいたる陸路であった。この二つの陸路は南満と北満を連結する役割をはたした。

この陸路をうまく利用するため一九四六年九月、北朝鮮臨時人民委員会は中国側と物資輸送にかんする協定を締結した。（「砲煙千里」〈中国語〉、遼寧出版社、一九九七年、二七九頁）

この陸路を戦争の全期間、数多くの物資と人員が通過した。

第三線と第四線は海上輸送路で、中国の大連と我が国の西海岸の南浦、あるいは大連と我が国の東海岸の羅津を連結する航路を利用した。これらの港で鉄道に積みかえて中国東北地方に運んだのである。南浦港と羅津港は冬でも凍らなかったので非常に便利であった。

第三に、中国側の要求どおりの戦略物資買い付け。

たとえば、主席に直接要請して朱理治が貨車一二台分、劉亜楼は貨車二四台分、朱瑞は貨車一一〇台分の物資をそれぞれ持っていった。

第四に、朝中両党、両人民間の友好合作関係の樹立と強化。

弁事処をとおして朝中双方は十分な協議をへて鴨緑江共同運航、水豊発電所の電力使用、両国間の郵便通信分野の協力などをはじめ二〇余件の協定をむすんだ。

物資代金の処理は、貿易協定にしたがって一年に一回おこなわれた。

我が国が中国に送ったのは無煙炭、水産物、日用必需品など。軍需物資としては硫酸、塩酸、硫安爆薬、窒安爆薬などであった。

弁事処はこのほかにも、中国革命家たちの全権代表部としての役割もはたした。中国に人民政権が樹立される前のことだから正式の国家関係とはいえないが、主席は何の打算も付帯条件もつけず、また、外交慣例や原則にこだわることもなく、弁事処を正式国家代表部におとらず尊重した。

金日成主席は一九四七年上半期に中共東北局の幹部たちへ送った手紙で、双方の関係は親密で隙間がない、我々は全力をつくして弁事処の幹部たちを助けるであろうと述べた。そして中国の境遇はすなわち我々の境遇であるとして、誠意をつくして東北解放戦争を支援した。

まさにそのために、弁事処は任務を円滑に遂行して東北解放戦争に大きく寄与することができたのであった。

朝鮮駐在東北局弁事処はその後、朝鮮駐在中国大使館に昇格した。

第五に、朝中合作による在朝華僑への働きかけ。

「林彪部隊」を全滅から救う

一九四六年春のことであった。

金日成主席は、毛沢東主席の要請をたずさえて平壌をおとずれた陳雲に会った。当時、陳雲は中国共産党中央委員会組織部長であった。

金日成主席は、毛沢東主席の特使としてたずねてきた陳雲を金策同志の家に宿泊させた後、北朝鮮共産党中央組織委員会庁舎で、彼と食事をともにしながら会談した。

主席は、陳雲との会談を回顧して次のように述べている。

「そのとき彼は、上海にいる彼らの要員を船にのせ日本を経て朝鮮に送るから、彼らを上陸させて東北地方に送り込んでほしいということと、彼らの軍隊がいま東北地方で苦戦しているから武器を少々ゆずってほしいことをはじめ、いろいろなことを要請しました。」

陳雲が毛沢東主席の名で要請してきたさまざまな問題のうち、もっとも重要なことは武器がほしいということだった。当時、東北解放戦争で中国共産党軍がもっとも欲していたのは、まさに武器であった。

戦争は元来、熾烈な思想精神的対決であるとともに、銃と銃の対決、武器装備の対決でもある。中国共産党軍は思想精神的には国民党軍とは比べものにならないほど圧倒的に優勢であったが、数的にも武器装備においても蒋介石の国民党軍よりはるかに劣っていた。

そのため多くの苦衷をなめていた毛沢東主席と中国共産党は、陳雲を平壌に派遣したのであった。（陳雲は一九四六年六月一六日から中国共産党中央委員会東北局の副書記兼副政治委員として活動した。）

武器は当時、我が国においてもきわめて不足していた。にもかかわらず金日成主席は、毛沢東同志の窮境を自らの窮境とみなしたし、毛沢東主席もまた、自分の頼みを金日成同志ならこころよく受け入れてくれるだろうと信じて疑わなかったのであった。

金日成主席は陳雲の話に耳をかたむけ、その要請を快諾した。

陳雲はうれしさのあまり、困難なときに中国革命を助けてくれたことを、自分たちは決して忘れはしないだろうと、心からの謝意を表した。

陳雲が帰ったあと、主席は所管部署の幹部たちをよんだ。そして、いま中国革命が大きな試練をへているが、我々は国際主義戦士としてそれを座視するわけにいかない、だから、私としては中国に無償援助をすることにしたと言い、日本軍からろ獲して兵器庫にしまってある武器、弾薬の状況を把握したうえで、一〇万名を武装しうる武器装備を中国に上げようと言った。

主席の言葉に、一瞬、誰も賛意を表わすことができなかった。あまりにも膨大な数字だったからである。日本帝国主義が敗北したあと米帝国主義が南半部を占領し、北半部まで侵略しようと挑発をつづけながら戦争準備をいそいでいるなかで、我々が正規軍の建設を進めているのだが、有能な軍事幹部とともに一番必要なのが武器であった。

実際、我々も武器が足りなくて苦労していた。その頃、正規軍幹部を養成するため平壌学院を創立したのだが、その学生たちに支給する武器がなくて、担当部署の関係者たちが解決策を論議していた。ところが、思いもかけず金日成主席の祖父、金輔鉉翁が彼らを助けた。おじいさんはある日、大同江を渡ったとき、水中に日本軍が投げ捨てた武器と弾薬の山をみつけて主席に知らせた。早速、平壌学院の学生たちが動員されて水中の武器弾薬がひきあげられ、足りない武器が補充されたのであった。

このエピソードは当時、我が国に武器がどれほど不足していたかを物語る一例である。

これほど武器が不足しているのに、外国に一、二丁か一〇〇丁程度でもない一〇万丁もの武器を与えるなどというのは実に想像もできないことであった。ある幹部はしばらくして、一万丁ほど上げればいいではありませんか、と意見を述べた。

主席はその意見を聞いて笑いながら、共産主義者は自国の革命に忠実でなければならないが、世界革命にも忠実でなければならないと言い、中国が苦境にあるときに我々は心から中国革命を支援しなくてはならないと言った。そして、ありったけの武器をみんな上げようと言った。

後年、金正日同志は朝鮮人民軍指揮官たちに「中国共産党からはそのとき主席に、武器もくれと要請してきました。我々としても武器がきわめて不足していた時であったにもかかわらず、主席は呉白龍同志に指図して、日帝侵略軍からうばった一〇万余丁の武器と弾薬を東北民主連軍に引き渡すようにしました。」と述べ、主席は国際主義にきわめて忠実であったと言った。

これほどの大勇断は、国際主義の鑑《かがみ》である金日成主席でなければ到底なしえないことであった。

一〇万丁の武器弾薬は列車に積んで、当時の第四野戦軍司令員に送られた。武器輸送の秘密を徹底的に守るため、自身の警護連隊長をしていた抗日革命闘士・姜尚昊を責任者に任命した。そして北朝鮮臨時人民委員会委員長・金日成の名で、貨物調査をせずに列車が国境を通過できるようにした。

一九四六年八月二六日に下達した北朝鮮臨時人民委員会指令第一四九号「特別貨物輸送にかんする件」は南陽鉄道警備隊長に、特別貨物をのせた三〇台の車両を無検査で国境通過させるよう指示した。同じ日に下達した指令第一四九号「特別貨車警備にかんする件」では北朝鮮鉄道警備隊長に、特別貨車三〇台にかんしては各鉄道警備隊が干渉する必要なしという内容の証明書を発行するよう指示した。

一〇万余丁の銃を送るとき大砲もいっしょに送った。

これらの武器を受け取った東北民主連軍の吉林軍区司令部と遼寧軍区司令部は、ただちに前線の各部隊にとどけた。

そのとき、武器の分配にかかわった中国のある人は、当時をふりかえって感慨深くつぎのように語っている。

「武器がなくて槍や棍棒をかついでいた多くの戦士たちは銃をもらって歓声をあげ、踊りをおどって喜んだ。感動せずには見ることのできない光景だった。」

主席はその後もまた中国共産党軍に武器を送った。

金日成主席はつぎのように述べた。

「その次には、いま中国国防部副部長をしている蕭勁光がやってきて、砲とそのほかの武器をまた要求した。そのときも援助しました。現在、蘭州部隊第一政治委員をしている蕭華[27]がきて武器を運んでいきました。」

金日成主席は、我々が中国の革命家たちに砲兵連隊を送ったことについても次のように回顧している。

「我が国が解放された後も、中国共産党が蒋介石軍と国内戦争をつづけたので、日本軍から奪った大砲で砲兵連隊を組織して中国に送り込みましたが、その砲兵連隊が蒋介石軍をやっつけながら海南島まで進撃しました。あのとき我々の砲兵連隊がなかったなら、林彪部隊は全滅してしまったことでしょう。我が砲兵連隊が中国海南島まで進撃したニュースが、日本の雑誌にも載ったことがありました。

我々は解放直後、日本軍から奪った武器をみんな中国に送ってやりました。」

(27)　蕭華　国内革命戦争時期に遼寧軍区司令員兼政治委員、その後一九四五年一〇月中旬に中国共産党丹東省工作委員会と遼東軍区が樹立されてからは省工作委員会書記、軍区司令員兼政治委員、中国共産党東北局委員、南満軍区副司令員兼政治委員、第四野戦軍特殊兵種司令員、兵団政治委員として活動した。

主席は、銃砲だけでなく爆薬もたくさん送った。

東北解放戦争と全国を解放する戦争の全期間、血みどろの激戦場で名をはせた黄色爆薬も我が国から送ったものであった。

その頃、我が国もあらゆるものが不足していたが、主席は、我々が支障をきたすようなことがあっても、中国の戦場で緊切に要求される爆薬は必要なだけ送ってあげようといって、黄色爆薬と、その他のさまざまな爆薬を送りつづけた。

黄色爆薬は橋梁破壊に威力を発揮した。そして要塞化された敵の火点を破壊するには必需品であった。この爆薬の炸裂するいたるところで、勝利の歓声があがった。

周恩来総理は我が国を訪問したとき、工場まで訪ねて労働者たちのまえで、中国人民の解放闘争を支援してくれたことに心から謝意を表した。周恩来総理が演説したその場所に、いま銅像が立っている。

我が国から中国東北解放戦争に、武器と人員を送ったことを敵側も知って驚いた。一九四七年七月二三日付け「労働新聞」は蒋介石国民党軍の将官、杜聿明が外国記者との会見で、東北民主連軍が北朝鮮から武器と人員の援助を受けている、と不平を鳴らしたと報道している。

中国革命の秘密ルート

軍隊と戦闘技術機材、補給物資を適時に送り、負傷兵と家族を安全な地帯に疎開させるには輸送が円滑でなくてはならない。だが、戦争の渦中で敵味方の間に前進と後退が繰り返されるうちに、当然、味方が確保すべき道路を敵に奪われることがある。こうなると人員、弾薬、食糧その他、必要なすべての補給が遮断され、部隊は難関に逢着し、ときには壊滅することもある。したがって戦略的移動通路は戦争において勝利への道をひらく鍵だともいえる。

一時、東北解放戦争で関内と東北地方、南満と北満を結ぶ通路が蒋介石国民党軍によって分断されたことがあった。

そのような状況にあった一九四六年秋のことだった。遼寧軍区の蕭華が指揮する部隊が鞍山と海城を占領するため攻撃を開始するや、そこに駐屯していた蒋介石国民党軍第一八四師が蜂起して共産党軍に合流しようとした。

一八四師団長・潘朔端が反乱をおこしたことを知った蒋介石は、杜聿明を電話に呼び出して、彼らを徹底的にたたきつぶせと命令した。

杜聿明の東北軍は、狂ったように一八四師に襲いかかった。杜聿明軍は地上と空中から猛攻を加え、一八四師を鴨緑江まで追いつめた。部隊は背後に迫る敵の銃口と目前の鴨緑江にはさまれて進退両難におちいり、全滅の危機に直面した。

このとき周保中は、一八四師が救われる道はただ一つ、鴨緑江を越えて朝鮮に入る以外にないと判断、東北局弁事処にいた姜煥舟に朝鮮の党と行政組織の指導者に連絡をとるよう指示した。

金日成主席は次のように述べている。

「周保中は反乱部隊を救う方策を協議するため、続けざまに代表をわが国に送りました。王一知もその代表の一人として羅南に来ました。その後、われわれはその反乱部隊がわが国の領土を経て東部満州に入るルートを提供しました。」（日本語訳「金日成回顧録・世紀とともに」八巻〈続編〉、一六五頁）

姜煥舟は羅南にきて姜健同志に会い救援を要請した。姜健同志は、朝鮮の領内に入ってくる問題は、必ず主席の批准を受けねばならないと言った。

姜煥舟は東北局に電報でこのことを知らせ、自らは直ちに平壌に行って、以前の上級者であり入党保証人でもある金日成主席に会おうとした。

一刻を争う問題だったので周保中は、当時図們駐在東北局弁事処に詰めて中国共産党と朝鮮との関係を多く扱い、シベリアでの国際連合軍の時期には主席と同じ部隊にいた経歴の持ち主である自分の妻、王一知を我が国にふたたび派遣した。

姜煥舟と王一知が到着したときはすでに、姜健同志の報告を受けた主席が一八四師のために我が国の大門を開けたあとであった。

生死の境いをさまよって我が国に入ってきた蜂起部隊は、やっと助かったと涙を流し、死んでも金日成同志の恩は忘れないと言った。

一八四師はその後、朝鮮領北部地帯を列車で非常に速く移動し南陽に到着した。そして南陽から図們橋を渡って中国東北地方の吉遼解放地区に行った。彼らは周保中など軍区指導者と群衆の熱烈な歓迎をうけ、ふたび蒋介石国民党軍との戦闘に参加して多くの戦功を立てた。

主席は、毛沢東主席が陳雲をよこして依頼した問題も解決した。

主席は、上海にいた中国共産党幹部たちと軍事要員らを、我が国の南浦港に上陸させて列車で南陽に送り、そこからハルビンに行けるようにした。蕭華の遼寧軍区指揮員たちと戦闘員たち、その家族たちが撤収するときも、我が国をへてふたたび中国東北地方に入れるようにした。

主席が開いた戦略道路は次のようであった。

陸路は丹東－新義州－南陽－図們、通化－集安－満浦－図們、海路は大連－南浦、大連－羅津－北満であった。

国民党軍が優勢な兵力を利用して遼寧の広大な地域を占領し、共産党軍は長白と撫松の中間地帯に押し込まれたときのことだった。峡谷にとじこめられた共産党の部隊にたいする戦略物資の補給に重大な事態が生じた。

これを解決するために周保中は「北朝鮮の領域を借りて水陸輸送路を開き、我が軍の戦略物資を緊急に輸送したい。」と依頼するため、自分の妻である王一知を平壌に送った。この依頼もまた、主席は即座に受け入れた。

不完全な統計によっても一九四七年の最初の七ヵ月間に我が国から運び出した戦略物資は二一万余トンで、一九四八年の一年間に我が国の領内を通って輸送された戦略物資は三〇万九〇〇トンにたっした。人員は一九四六年下半期に一八の部隊が我が国の領内を通過した。一九四七年の九ヵ月間に我が国の領内を通過して東北根拠地に入った人数は一万余名にたっした。一九四八年に南陽を経由した人数だけでも八千六八五名だったが、我が国の他の地域を通過した人員も少なくなかった。同時に、新たな政治協商会議に参加するため、少なからぬ民主党派、無党派と海外僑胞の代表たちも、我が国の領内を経由してハルビンに入っていった。（「周保中将軍伝」、解放軍出版社、一九八八年、五二一～五二二頁）そのうち著名人は李済深、沈鈞儒、張瀾、馬叙倫、蔡廷鍇、譚平山、郭沫若などをふくむ一八名にのぼる。（「遼瀋決戦」上〈中国語〉、人民出版社、一九八八年、六二八頁）

仕事のために我が国を経由した中国共産党幹部としては周保中、陳雲、蕭華、朱瑞、李富春、劉亜楼、張愛萍、韓先楚、于若木、蔡暢、李立三、伍修権、藤代遠、韓光、欧陽欽、杜平、李一氓、呂東、何長工など数かぎりなく多い。（前掲書六二八頁）

一九四七年、陳家康が、当時チェコスロバキアの首都プラハで開かれた世界青年学生祭に参加できたのも、大連から南浦にきてハルビン経由でモスクワを通っていったからであった。

一九四六年九月、我が国は東北局と物資輸送にかんする協定を結んだ。協定により、状況が急を要するとき我が国は、旅客輸送を中止して中国の戦略物資輸送を優先させた。

当時、朝鮮駐在東北局弁事処で仕事をした幹部は、その回想記のなかで「戦略物資の緊急輸送期間、我々の任務を助けるために平安北道党委員会副委員長と咸鏡北道党委員会副委員長は活動時間のすべてを我々にささげた。このような国際主義的革命戦友愛を我々は永遠に忘れないであろう。」と書いている。（前掲書六二九頁）

中国東北地方の主要輸送路が蒋介石国民党軍に占領されていたとき、主席は中国共産党が要求するまま、このように我が国の門を大きく開けて自由に出入りできるようにしたので、勝利の道が開けたのであった。

他方で主席は、我が国を東北解放戦争の後方基地として利用するようにさせた。

後方も戦線である。後方がなければ前線もありえない。

戦争勝利の決定的要因の一つは、強力な後方にある。武器と軍需物資、食糧を供給し、負傷兵と患者を治療し、兵力を補充し、戦略物資を保管する後方の役割はじつに大きい。

一九四六年一〇月末、蒋介石国民党軍の攻撃で丹東が陥落したとき、多くの人員が新義州に避難したが、米軍政庁の報告書によるとその人数は一万ないし二万にのぼった。

そのとき周保中は、朝鮮から帰ったばかりの妻、王一知をふたたび平壌に送って、南満から撤収する軍隊と戦略物資を我が国に疎開させてくれるよう依頼させた。

金日成主席は当時をふりかえって次のように述べた。

「王一知は周保中に代わって、まず、東北解放作戦をいろいろと援助してくれて感謝するという挨拶をしました。つづいて彼女は、今度二万余名の負傷兵と家族、後方人員、二万余トンの戦略物資を安全地帯に疎開させるには、どうしてもまた朝鮮の領土を通過しなければならない実状なので、金将軍の助力を請うと言うのでした。

私はその場で彼女の要望を受け入れ、ただちに必要な対策を立てるようはからいました。王一知は、全東北民衆が金将軍の恩を忘れないであろうと言って、重ねて謝意を表しました。」（日本語訳「金日成回顧録・世紀とともに」八巻〈続編〉、朝鮮・平壌、外国文出版社、一九九八年、二六六頁）

主席はそのとき、南満武装装備の八五％と二万余トンの物資が鴨緑江を越えて我が国の山間僻地に隠蔽されるよう措置を講じ、戦闘員と負傷兵を我が国の家ごとに分宿させて休息もし、治療も受けさせるようにした。

負傷兵と家族、後方人員は我が国に入ってきて治療を受けて帰り、一九四七年六月まで二千余名が残った。（「遼瀋決戦」上〈中国語〉、人民出版社、一九八八年、六二七㌻）

その頃の我が国の状態で、これだけ多くの負傷兵を各家庭に分宿させ、休息もさせ、治療も受けさせるというのは決して容易なことではなかった。食物、衣類、日用品、なにもかもが足りない中で、主席は重傷者たちが我が国にとどまって治療を受けられるようにした。

丹東、通化から撤収して朝鮮領内に送り込まれた戦略物資二万余トンを、朝鮮側は鴨緑江沿岸に住む労働党員を動員し、夜間にこっそり運搬して隠してくれた。（前掲書六二七頁）

丹東、通化が中国共産党軍の手に奪還された後、朝鮮側はこれらの物資をまったく人力だけで南満まで送り返した。

中国東北解放戦争の時期、中国共産党軍に支援した物資のうち、二千余貨車分の物資は日帝が敗走するとき捨てていったものだが、朝鮮側はそれを無償または物々交換で引き渡した。物々交換で引き渡した物資のなかには、一九四六年山東省から弁事処に倪振を派遣して購入していった二〇〇トンの爆薬、三〇〇万個の雷管、一二〇万メートルの導火線もふくまれている。

一九四七年春に山東省は黄友年を弁事処によこして一二〇トンの爆薬、二〇〇トンの塩酸、一〇〇トンの硫酸銅、一五万足の靴を購入していった。(「砲煙千里」〈中国語〉、遼寧民族出版社、一九九七年、二七九頁、「中国朝鮮族歴史研究論叢2」〈中国語〉、延辺大学出版社、一九九二年、五三〜五七頁)

これらの物資は、南浦から船で大連に輸送したのち山東まで送ったが山東、華東解放作戦で重要な役割をはたした。

一九四七年、朝鮮から山東に送る大量の火薬が南浦に集結したが、朝鮮労働党の正しい教育をうけた華僑青年たちが動員されて警備に立ち、包装もし、通訳もした。(前掲「砲煙千里」一九七頁)

国民党反動勢力が東北にたいする侵攻を大々的にはじめたとき、共産党軍の東北軍区は牡丹江地区に軍需工場を移動させようとしたが、牡丹江橋をトラックが通過できないので、やむなく我が国を経由して琿春に移動させることにした。一九四六年六月二四日から三〇日まで多くの機械と物資が図們にゆき、我が国の南陽鉄橋をわたって琿春まで無事に輸送された。軍事機密をまもるため貨車はみな有蓋貨車で夜間にのみ運行した。通化から満浦をへて我が国に入ってきた一八〇余台の貨車は図們、延吉一帯に集結したのち積み替えられ、一週間以内に三〇〇余台分が目的地まで無事に到着した。

一九四六年初、国民党軍は解放地域にたいする攻撃とともに琿春軍需生産基地を攻撃した。中国軍需工業部門の関係者たちが、工場を我が国の領内に移動させてほしいと頼んできたときも、主席は当時の阿吾地石油工場の敷地に移すよう措置を講じた。

そして一九四七年二月、英安弾薬工場、製鋼所、化学工場をまず我が国領内に移動させたが、その年四月に労働者、技術者とともに中国東北地方へまた持って帰った。（前掲「砲煙千里」二七九～二八〇頁）

主席は中国東北地方にすぐれた幹部たちを送って無線通信体系を整然ときずき、中国の実情を適時に把握して必要な対策をたてた。

周保中は当時をふりかえって、一九四六年夏から一九四八年までの二年半の間に朝鮮が中国に送ってきた支援物資は貨車二千余台分に達する、あの頃の状況でそれは実に大きなものであった、我が国の解放戦争にたいする金日成同志をはじめとする朝鮮人民の私心のない国際主義的支援を、中国人民は絶対に忘れてはならないと言った。（「友誼の長征」〈朝鮮〉、黒竜江朝鮮民族出版社、二〇〇二年、九〇頁、前掲「砲煙千里」二八〇頁）

内需を我慢し軍服や靴までも

軍隊では軍服と靴もやはり大切である。東北解放戦争の時期、中国共産党軍では軍服と靴の不足が悩みのたねだったことがあった。

この問題も金日成主席が解決した。

一九四六年三月二五日、当時の吉東分区司令部から、軍服問題解決のため祖国にやってきた鄭斗煥を主席が接見した。

彼は吉東分区の司令員と政治主任が連署した請願書を主席に伝達したのち、軍服の布地を手に入れようと祖国のあちこちを探し回ったが見つからなかったと訴えた。

主席は、君が探し回ったところに布地はない、まっすぐ私を訪ねるべきだった、我々も布が非常に不足しているけれど、戦っている同志たちのためだから、欲しいだけ上げようと言った。鄭斗煥は主席の言葉があまりにも有難くて、何度も礼をのべた。

当時、中国共産党中央委員会東北局にとって、軍服問題は解決のもっとも難しい問題の一つだった。解放地域に、兵器工場をはじめ軍需品製造工場その他の企業所があるにはあったが、何しろ戦時のことと て思うように稼動できないところへ、入隊志願者が急増して食糧と被服の供給が間にあわず大問題となっていたのである。

分区司令部ではこの問題の解決を金日成主席に頼もうと思ったのだが、あまり迷惑をかけすぎるのも気が引けて、司令部の供給部副部長・鄭斗煥に独自調達の任務をあたえた。

そこで鄭斗煥は、我が国にやってきて咸鏡南北道と江原道など各地を探しまわったが、金《かね》を出しても布地を手に入れることはできず、万策つきて分区司令部にありのままを報告した。分区司令部では金日成主席にまたも迷惑をかけるのを承知で、仕方なく手紙を書いて鄭斗煥を我が国に送ったのだった。

主席は鄭斗煥から中国東北地方の情勢について報告をうけ、その場で所管部署の幹部に指示した。そして崔賢同志には、これも不足して困っているという医薬品を一貨車分集めて送ってやるよう緊急任務をあたえた。

幾日かのち、所管部署の幹部から質も悪く幅も狭い手織りの木綿生地を手に入れたとの報告をうけた主席は、我が国の経済状況がいくら悪くても、戦っている同志たちに、もう少しましな布地を送ってやろうじゃないかと言ってあくまで力をつくし、遂に上質の布地と医薬品を探し出した。

その頃、我が国では紡績工場がほとんど操業停止状態で、家ごとに麻や、糸車でつむいだ綿糸を用い、昔ながらの機《はた》で布地を織っている有様だったが、主席は大量の上質の軍服地を調達したのだった。

鄭斗煥はこうして難題が解決できたのであまりにもうれしく、出発前に謝意を述べようと主席を訪ねた。そのとき主席は軍服製造用の布地のほかに軍服一千余着を追加し、警衛隊と軍政幹部たちに与えよと言いつつ、経済状況が悪いのでもっと上げることができないのをとても残念がった。

鄭斗煥はそんな主席を目の当たりにして、感激のあまり胸がつまり、何も言えなかった。

主席は大量の軍服地と軍服を至急に集めるため工場や機関、個人が所有する綿織物を収集せよとの指令を北朝鮮臨時人民委員会委員長の名義で下達したのであった。

金日成主席は一九四六年四月二六日に下達した北朝鮮臨時人民委員会指令第五〇号「綿織物一切の収集回送に関する件」で黄海道人民委員会委員長にたいし、黄海道のすべての綿織物を収集し北朝鮮臨時人民委員会の満浦鎮貿易事務所へ送るよう指示した。一九四六年四月二七日に下達した第五一号「綿織物の統制を強化して満浦鎮貿易事務所に輸送することに関して」では平安北道人民委員会委員長に、新義州などで生産されるすべての綿製品を収集して北朝鮮臨時人民委員会満浦鎮貿易事務所に輸送することを指示した。一九四六年八月一七日の指令第一四一号「上質綿布移譲に関する件」では平安北道人民委員会委員長にたいし、新義州の各工場で保有しているすべての上質綿布を収集して平壌に輸送するよう指示したのであった。

主席の温情にたいし、鄭斗煥は豆満江を渡って分区司令部に到着するまでずっと心のなかで感謝のことばをくりかえした。

彼が軍服地、軍服そして医薬品を持って帰ってきたという知らせが伝わるや、皆は歓声を上げた。

分区司令部では、供給部副部長の帰還報告を感動のうちに聴取した。

そのとき吉東分区政治副主任だった唐天際は次のように書いている。

「金日成同志の貴重な教えと配慮を幾たびも受けたことを泣きながら語る供給部副部長の話に、息を殺して聴き入る我々の幹部たちは、朝鮮全域に飢餓と貧困が襲いかかり内外反動どもがうごめく解放直後の言い尽くせないほど困難な状況のなかでも、終始一貫した朝鮮の党の中国革命支援政策、延辺方針を心臓で感じ取り、偉人にたいする熱い敬慕の情で胸がいっぱいになった。

鄭斗煥の活動報告が終わるや、歓声とともに会場が割れるような拍手がわきおこった。」

一九四七年夏、蔣介石の大軍を東北地方から一掃するための、中国共産党軍による第一段階夏季攻勢が開始されるときのことであった。

一九四五年末に二七万四千余名だった東北民主連軍が翌年末には三六万名、さらにその翌年夏には五一万名にふくれあがり、靴が足りなくて一部の戦闘員ははだしでいばらをかき分け、砂利の上を行軍しなくてはならなかった。周保中は靴問題を解決するために一九四七年夏、ふたたび自分の妻である王一知を我が国に派遣した。

そのときも主席は王一知を接見し靴問題を解決した。

当時、我が国では原料、燃料不足で靴工場がまともに稼動せず、都市でもゴム靴か、布で編んだ靴がせいぜいで、子供や学生たちもゴム靴か藁草履をはいていた。それでも主席は戦う戦友たちを思って、我が国の人民たちにはかせる靴の生産を先に延ばし、東北の戦士たちに送る靴の生産を優先させた。

金日成主席はその頃をふりかえって次のように述べている。

「周保中がその後、王一知をわたしのところに寄こしたのは多分、一九四七年の夏だったと思います。東北民主連軍は五〇日間の戦闘で八万余の敵兵を殺傷し、四二の城、鎮を解放する戦果を上げましたが、前線の状況は依然として緊張していたときです。民主連軍側の将兵たちは靴が不足して難儀していました。多くの将兵が裸足で険しい道を行軍しているとのことでした。王一知がわたしを訪ねてきたのは、靴を解決するためでした。わたしはすべての靴工場が他の靴の生産を中止し、中国の戦友たちに送る靴を生産するよう緊急指令を下しました。」（日本語訳『金日成回顧録・世紀とともに』八巻〈続編〉、朝鮮・平壌、外国文出版社、一九九八年、二六七頁）

そのとき金日成主席夫人であり、抗日パルチザンの女性英雄であった金正淑女史は訪ねてきた王一知に、我が国の現状で外国を助けるのは苦しいことだが、金日成主席は、抗日戦争のときのように中国人民の革命戦争を支援せねばならない、今回も中国の同志たちの要求はぜんぶ解決してやろうと言ったことを告げた。

そして金正淑女史は次のように言った。

「王一知さんは、金日成主席が国の経済状況が苦しいにもかかわらず中国東北革命をいろいろと支援してくれているのを、中国人民は永遠に忘れないとおっしゃいますが、中国の同志たちを物心両面で助けるのは、我が共産主義者たちと我が人民たちの崇高な国際主義的任務なのです。」

金日成主席は靴だけでなく、戦う同志たちの食糧を心配して我が国の平安北道で生産された米を東北地方に送ったし、多量の医薬品と生活必需品も無償で提供した。

一九四七年三月二五日、主席は、中国で八路軍部隊が国民党軍ときびしい戦闘をつづけているが、足りないものが多くて困っているとの報告を受けて執務室から秘書に次のように指示した。

「いま、平安北道碧潼郡の対岸で中国の八路軍部隊が蒋介石国民党軍と非常にきびしい戦いをしているというが、彼らが勝てるよう各方面から支援してやらねばなりません。

彼らに食糧を供給し、医薬品、靴、軍服も送り、足りない武器も補充してやらなくてはなりません。我々に食い物が足りなくて少し辛かろうとも、彼らを助けなくてはなりません。八路軍部隊が負傷兵を我が国にたくさん送ってきていますが、医療機関を動員して彼らをよく診て上げなくてはなりません。」

我が国では主席の指示にしたがって誠心誠意をつくした。

李紅光支隊に平安北道の青年たちがたくさん入隊して活動していた一九四六年冬、濛江一帯では塩不足が非常に深刻な問題になっていた。

朝鮮人部隊は、塩がなくて隊員の顔が腫れ、食べ物も全くのどを通らない状態をなんとか打開しようと龍泉鎮木材所を襲撃することにした。

当時、この木材所を占領していた国民党軍は貴重な塩を密売してもうけていたので、朝鮮人部隊はその塩を奪うとともに、そこの人民も解放しようというもくろみだった。

ところが戦さが終わってみると、そこには塩がほとんどなかった。龍泉鎮で村長をしていた男が、濛江一帯の民主連軍が塩の欠乏で悲鳴を上げているとこっそり知らせたので、国民党軍が先手を打って塩をそっくり輝南県城に移してしまったのであった。

仕方なく李紅光支隊は、塩問題解決のために二人の隊員に鴨緑江を渡らせた。任務を帯びた金東武は遼寧軍区司令員・蕭華の信任状を冬服の襟のなかに縫い込んでやってきた。（そのときの信任状は布地に司令員の印鑑を押したものだった。）

部隊では彼らに、鴨緑江を渡ってすぐのところの中江という街にある東北民主連軍軍医所を拠点にして塩をさがすこと、万一国境でトラブルがあったら崔賢同志に会え、と言い含めた。彼らは鴨緑江を渡ったところで我が国の国境警備隊に拘束された。身分と任務を明かすわけにはいかないので、崔賢同志に会わせてくれとせがみ、ようやく会えた。

幾日か後、彼らはトラック一〇台に塩と、履物の底に貼り付けるゴム材料をつんで部隊に帰ってきた。

部隊司令員はうれしさの余り、どうしてよいか分からなかった。

ところが彼らは、その塩がどのようにして入手できたかは知らなかった。

そのときから多くの歳月が流れた一九六五年に、鏡城休養所で崔賢同志に出逢った金東武は、およそ二〇年前の塩の話をしているうちに、その塩も金日成主席が送ってくれたことを知った。

主席は塩にかんする報告を聞いて、直ちに措置を講じてくれたのであった。

当時、鴨緑江と豆満江の国境一帯には、東北民主連軍部隊とその家族たちの生活の便宜をはかるため専用の商店まで設けられていた。

一九四七年四月一三日、金日成主席は内務局長に次のように述べた。

「我が国の経済状況が苦しくても、中国の戦友たちには生活に必要なすべてを最大限に保障し、彼らを本当の肉親のように思って心から助けて上げなくてはなりません。」

主席は、内務局が平安北道と咸鏡北道にある国境沿線の民主連軍商店をしばしば訪れて、そこに入ってくる商品が横流しされたりせぬようにし、値段も我々が決めた通りに売られているか確めるなど、気配りを怠ってはならないと強調した。

主席と、主席の夫人である抗日の女性英雄・金正淑女史は、我が国の人民も困窮していたのに、中国の戦友たちの窮状にたいそう胸を痛め、どんなことでも解決してあげた。

解放直後、新朝鮮建設に沸く到るところで、ぶつかった難題は電力不足であった。にもかかわらず主席は、東北戦線を助けるために我が国の水豊発電所の電気を中国に送った。

一九四八年二月一五日、主席は中国に派遣される電気技術者らを執務室によび、活動方向を具体的に指示するに際して、中国人民を支援するのは国際主義的義務だと励ましつつ次のように語った。

「君たちは、中国人民にたいする我が人民の熱い友情を抱いて中国東北地方の鞍山変電所に行くことになります。我々は階級的兄弟として中国人民にたいする革命的義理を守り、中国の解放地域に多くの電気を送っていますが、中国東北地方の鞍山をはじめ他の地域にも電気を送ることにしました。」

主席は、戦う中国人民を支援するのは神聖な国際主義的義務であると重ねて強調し、同志諸君は我が人民の国際主義的義理をはたすために鞍山変電所に行くのだから、そこで責任をもって仕事をしっかりしてほしいと励ました。

主席は、鞍山変電所の実態を具体的に把握し変圧器をはじめとする変電所の諸設備を原状どおりに復旧してこそ、水豊発電所の二二万ボルト送電線を通じて中国の国境沿岸地域に電気を送ってやれるのだと強調した。そして、中国側の要請でゆくことになった同志諸君が鞍山変電所で、賢明かつ勇敢な我が人民の気概をあますところなく発揮することによって、朝中人民の結びつきを一層強くするのに大きく寄与するであろうと信じると述べた。

こうして、我が国の電力事情がもっとも逼迫していた時期に、水豊発電所の電力が中国東北地方に送られるようになったのであった。

第四章　勝利の前奏曲

日本帝国主義が敗北した後、蒋介石国民党は米帝国主義の支援のもとに中国東北地方に数多くの軍隊を送りこむ一方、日本軍とかいらい満州軍の敗残兵、日帝の走狗〔手先〕、土匪たちを糾合して共産党と人民政権に反抗する反動集団を組織した。

当時中国東北地方には、共産党に反抗するさまざまな土匪集団だけでも実に九万名にのぼった。(「中国朝鮮民族の足跡叢書」5、「勝利」〈朝鮮語〉、民族出版社、一九九二年、一八二頁)

これら反動集団はいたるところで武装反乱をおこし、革命的人民を手当たりしだいに虐殺し、民心を騒がせて蒋介石国民党軍がやってくるのを待った。彼らは国民党軍の攻勢がはじまれば、歩調を合わせて「内応外合」しようと企んでいた。

金日成主席はこのような事態を予見し、中国東北地方に派遣する朝鮮人民革命軍の軍事政治幹部たちに、次のように述べた。

「諸君は、政権機関や武装隊伍をはじめとする全ての民主力量を動員して社会秩序撹乱者をきびしく取り締まり、土豪や土匪、日本軍敗残兵やかいらい満州軍残余勢力のしゅん動を徹底的に鎮圧するのを、積極的に支援しなくてはなりません。」(金日成全集二巻、二二頁)

姜健同志をはじめとする朝鮮人民革命軍の軍事政治幹部たちが反走狗・反土匪作戦で率先垂範し勝利をおさめると、各地の人民はつもりつもった怨みを晴らすべく先を争って闘争にたちあがった。

なにごとも、始めが肝心である。朝鮮には「始めが仕事の半分だ」ということわざがあるくらいだ。

東北各地に数百名、あるいは数千名ずつわだかまってあらゆる蛮行をかさねている反動どもに萎縮し、日帝は敗北したが我が家、我が村に住むことすらできず他所に避難して行った人たちや、蔣介石国民党軍の威勢におされて頭を上げることもできなかった人たちが、朝鮮人民革命軍の軍事政治幹部たちの果敢な作戦によって敵の集団が一朝にして破滅し、その頭目らが人民の審判台にのせられるのを見て自信をもつようになった。

こうして、これまで日帝にへつらって蛮行をほしいままにしていた走狗や土匪などあらゆる反動集団は、延辺地区をはじめとする中国東北地方の全域から徐々に姿を消していった。

蔣介石国民党が特務たちを派遣し、走狗や土匪をはじめあらゆる反動どもを糾合して組織した反動集団は、いずれやってくる国民党軍の地盤となるはずであった。その地盤がなくなったので、国民党軍は根のない木となった。したがって、走狗と土匪を粛清する闘争は、東北解放戦争勝利の先決条件であり前奏曲であった。

怒りを力に変えて

日本帝国主義は中国東北地方を占領し統治する間に、多くの走狗どもを育成しておいた。日帝統治期間に彼らは数多くの革命家や人民を殺害し、悪質な蛮行をはたらいた。日帝が敗北した後、一時的混乱期に彼らは到るところで破壊、テロ、暗殺を展開しながら、自分たちの世の中がふたたび訪れるのを待っていた。

一九四六年四月、龍井に到着した姜健同志は、そこで一万余名が参加する走狗清算大会を開いた。日帝の特務として数多くの革命家や人民を殺害、弾圧してきた走狗どもを審判台にのせ、その罪状をことごとく暴露したのち、その場で処刑するや人民の気勢はいっそう高まった。

その頃、吉東分区司令部にひとりの女性が訪れ、崔光同志に会った。

その女性は、金日成主席が組織指導した抗日遊撃隊の隊員だった金学君の妻、金信淑であった。

彼女は一九三〇年代の初め、日帝が千七〇〇名を殺害した海蘭江大流血事件のときに夫を失った。夫は死ぬ前に、金日成将軍に必ず渡してくれと言いながら、活動報告とともに、虐殺事件にかかわった日帝の走狗たちの名を記した紙きれを妻に託した。金信淑は長い間、それを瓶のなかに入れて地中深く埋めておいた。彼女は、金日成将軍の派遣員が延吉にきたというニュースを聞き、それを持ってやってきたのであった。

朝鮮人民革命軍派遣員たちは、この事実を無線で主席に報告した。報告をうけた主席は、いまこそ敵の罪状を明らかにするときがきた、彼らの殺戮蛮行を暴露断罪し手先どもを清算する大会を開いて、人民の怨みを晴らしてやらねばならぬと述べた。そして敵にたいする憎しみを力に変えて、根拠地防衛と敵に打ち勝つ闘争をさらに力づよく展開せよと指示した。

彼女がさしだした「河東自衛団が革命同志たちを惨殺した記録」には殺人鬼たちの名と、彼らが犯した極悪非道な罪状がことごとく記されていた。この記録を見て派遣員たちは、日本帝国主義とその手先らの罪行をはっきり知ることができ、罪の重い一八名の殺人鬼どもを拘束した。(「中国朝鮮民族の足跡叢書」５、「勝利」〈朝鮮語〉、民族出版社一九九二年、一八五頁)

海蘭江大流血事件とは、日本帝国主義が延辺地区で敢行した大虐殺事件であった。海蘭区遊撃区域は一九三一年の九・一八事変〔いわゆる満州事変〕後にできた遊撃区域だったが、そこは深い山奥で延吉、龍井、図們をむすぶ交通の要衝地であった。

この遊撃区域の人民と遊撃隊は、日帝の討伐をそのつど撃退して遊撃区域を死守した。

日帝侵略者は「海蘭区遊撃区域をなくさぬことには、共産党を滅ぼすことはできない」として、残忍無道な「討伐」を敢行した。

一九三二年旧暦八月初、海蘭遊撃隊は近隣の遊撃隊とともにかいらい護路隊の武器を奪取する計画をたてた。ところがこの秘密がもれた。八月七日の明け方に日本守備隊と自衛団七〇余名が緊急出動し重機関銃三丁と火砲一門で、遊撃隊主力が出払って手薄になった海蘭区遊撃区域の柳井村を包囲急襲した。敵は村の一〇余戸の農家を焼き、遊撃隊員と三〇余名の村人たちを虐殺した。当時この事件は、東満地方全域を震撼させた。人々はこれを「八・七虐殺事件」と呼び、廃墟となった事件現場の柳井村のそばを通るのさえ嫌がった。

その年の一二月一二日、延吉県「河東自衛団」は日本守備隊、警察と一緒になって海蘭区遊撃区域の花蓮里をまたも「討伐」した。

この日、敵どもは病気で寝ている遊撃隊員五名を積み重ねた薪のうえにのせて焼き殺し、人々を斧でなぐりつけて焚き火のなかに投げ込み、あるいは沸騰している大釜のなかに投げ入れた。甚だしくは人々をしばって斬首し、あるいは目玉をくり抜き、棍棒で殴り殺した。

強盗日本帝国主義が、いかに悪らつであるかを余すところなく示した海蘭江大流血事件は人々に、日帝こそ永遠に不倶戴天の敵であるという教訓をきざみつけた。

敵はこのように一九三二年から一九三三年までの間に九四回の「討伐」を敢行し、千七〇〇余名の革命家や人民を虐殺した。

清算大会は一九四六年一〇月、延吉市西広場で開かれた。大会場は人々で埋めつくされた。小営子、馬盤山、河東、花蓮里の被害者家族はいうまでもなく数里、数十里はなれたところに住む被害者家族まで集まった。大会場の正面には延吉市海蘭江大流血事件主犯清算大会と書かれた文字が掲げられており、その横には「殺人鬼を捕らえてその罪悪を暴露糾弾しよう！」というスローガンが貼られていた。開会が宣せられ、犯罪者一八名が群衆の前に引き出された。大会場は瞬時に憤怒の喚声でわきかえった。

最初に金信淑が壇上にたち、抗日遊撃隊員であった夫を惨殺した殺人鬼らの罪行を暴露した。ついで花蓮里に住んでいる李達三老人が出てきて、家族一五名をすべて失った怨みを吐露した。人民の怨みは天を衝いた。

息子が逮捕されたが、秘密を吐かないので歯を一本一本抜いて拷問し、しまいにはその口に銃を押し込んで撃ち殺した事実を語る母親、我が子に帰順をすすめたが、かえってその子が母を叱ったので、奴らは息子の体に大きな石をのせて殴りつけ、さいごには牛馬で動かす大きなひき臼でひき殺したと悲憤にふるえる母親、息子の目をくり抜き、肝臓をえぐりだして殺したと訴える母親、夫を殺しただけではあきたらず、墓参りにきた妻を寒中に裸にして蛮行をあえてした敵ども。耳をおおうばかりの残虐行為は数限りなかった。

清算大会は、人民の革命的意識を高める大きなきっかけとなった。

正体をかくして分区司令部や行政機関にもぐりこみ、国民党特務の指令にしたがって武装反乱をたくらんでいた一八名の悪質走狗どもの悪らつな殺戮蛮行を暴露した大会では、もっとも悪質な走狗七名を即時処断し、残りは罪状にしたがって処罰した。

走狗らを清算する群衆大会は、ほかの地方でも活発に組織された。朝鮮人民革命軍の派遣員たちが、主席の教えのとおりに全群衆的な審判大会を開き、罪状にしたがって処罰し財産を没収するのをみて人民は歓声を上げ、階級的に一層めざめた。

このように走狗清算大会は、日帝侵略者とそれに追随したあらゆる反動分子たちの野獣的本性を満天下に暴露し、人民をいっそう革命的にめざめさせて、土地改革をはじめさまざまな民主改革に積極的に参加し、東北地方全域を解放する正義の闘いに身を投じるようにさせた。

国民党の到来待つ土匪群を掃討

朝鮮人民革命軍の軍事政治幹部たちによって組織された朝鮮人部隊は、東北解放戦争初期にはおもに根拠地創設とその防衛任務をはたしながら、蒋介石国民党軍の東北侵攻に有利な条件をつくろうと暴れまわっていた土匪、土豪、日本軍敗残兵、かいらい満州国残余勢力を粛清する主力として軍事活動を展開した。

このように朝鮮人部隊が主力となって、反動勢力を掃討する軍事作戦を成功裏にすすめたからこそ、東北解放戦争勝利の基礎がきずかれたのである。

これについて中国のある筆者は次のように書いている。

「金日成主席は朝鮮の軍事政治幹部を東北に派遣するとき、彼らに土豪、土匪と日本軍敗残兵、かいらい満州国残余勢力を鎮圧するため、中国の同志たちを積極的に支援するよう訓辞した。東北解放戦争勝利に寄与した金日成主席の業績のひとつが、まさにここにもある。」

とくに土匪どもは、敗北した日帝侵略軍残余勢力と結託して蒋介石国民党軍と合流しようとしたため、反土匪作戦は最初から熾烈であった。

一九四五年一〇月頃から延辺地区では、部隊の勢力を増強する活動とともに、その地区の土匪を粛清し、かくれている反革命分子たちを摘発粛清する戦闘をくりひろげた。

姜健同志はまず、延吉捕虜収容所に潜りこんだ悪質分子を摘発粛清するため、一九四五年九月初から一〇月初にかけて朝鮮青年・羅雲赫をはじめ一〇余名を捕虜に変装させ収容所へ浸透させた。

彼らは日帝の悪質走狗だった李京允、巡査部長・康炳哲、国民党特務・姚偉領など六〇余名の悪質な憲兵、警察、特務をあばきだし粛清した。

姜健同志はつぎに、三道湾をはじめとする延辺地方の山岳地帯に逃げて土匪となった国民党先遣隊と日帝の走狗、土豪どもを粛清する作戦に取り組んだ。

一九四五年一〇月のある日、国民党先遣隊として送りこまれた国民党残党と日帝の走狗たちは、廟嶺にある汽車のトンネルを根城にし、降伏したいから来てほしいと姜健同志に申し込んできた。姜健同志は彼らの申し込みを受けて政治部主任・税曲民とともに宣伝部長（中国人）、公安科長（中国人）、公安科員・羅雲赫をともなって談判場に出向いた。

こうして廟嶺で談判が始まったのだが、姜健同志が彼らの要求を聞き入れず無条件降伏を要求するや、敵の司令官は逆に机をたたいて姜健同志に降伏しろと大声でわめいた。

その瞬間、敵の司令官の横にいた男が、姜健同志にいきなり拳銃をつきつけた。

姜健同志の護衛として同行していた羅雲赫が、とっさにその男の拳銃をもった手首をねじり、逆に自分の拳銃を敵の司令官に突きつけた。敵の司令官は部下に、拳銃をおろすよう命じざるをえなかった。この日の談判はこうして決裂した。

この頃、三千余名の土匪が和龍炭鉱を占領し、延吉、龍井市内と火力発電所への石炭供給を禁止した。このため解放地区人民の生活に混乱が生じた。姜健同志はこれを解決するために朴根植部隊を派遣した。部隊はソ連軍と協同して一昼夜の戦闘のすえ数百名を殺傷捕虜し、和龍炭鉱を解放した。

琿春のある村では、中国人の馬某なる者がひきいる五〇〇余名の土匪が、部落の入り口に砲台まできずいて抵抗しようとしていた。

琿春県警備隊大隊長・池炳学は一一月初のある夜、隊員をひきいてこっそり砲台に近づき爆破、あわてる敵をたたきのめして村を解放した。さらに、逃げる敵を明月溝まで追撃し首魁の馬某を逮捕処断した。

琿春県では国民党の連中が公安局を組織して活動していた。琿春県保安連隊中隊長・南満宇は池炳学同志と協議して一個大隊で公安局を急襲し、小銃五〇〇余丁と重機関銃二丁、軽機関銃一一丁など多くの武器をろ獲した。

三道湾の土匪は悪質だった。延吉県三道湾付近の土匪は屯林隊を土台にして群れをなしていた。屯林隊とは日帝敗北以前に関東軍少佐・秋原が三道湾一帯で組織した山林警察隊で、平時は木材を伐採、管理し、いざ非常時には武器をとって山林と木材を守るのが目的であった。日本帝国主義が敗北すると、国民党の騎兵隊長・銭輔興がこの屯林隊を配下におさめ、土匪たちを三道湾に近い豊源屯に集めた。そこに銭輔興の副官をしていた一九連隊将校の李大尉が加わってから三道湾と八道溝一帯で土匪どもの蛮行はいっそう悪らつになった。

明月溝には朝鮮人の一五連隊がいたが、それに警備隊が編入されて漢族出身の指揮員が何人か補充された。そのうちのひとり、孫営長は抗日武装闘争に参加してソ連軍とともに延辺にきた人であった。

彼は三道湾付近の豊源屯にたむろしている土匪の頭目・銭輔興を和平談判で帰順させようとし、屯林隊の銃器と馬匹をすべて差し出せと通告した。ところが銭は、朝鮮人部隊内に漢族がいることを知って内部矛盾を引き起こそうとたくらみ、豊源屯付近の東溝村、主木材村、三道湾村など一〇ヵ村をめぐりながら「朝鮮人が武装して漢族を襲いにくる」とデマをまき散らした。そして、漢族が家と財産を守りたければ朝鮮人と戦えと扇動して、土匪の中に一〇〇余名もの住民を引き入れた。

そこで、孫営長は教導員の金万石と二〇余名の兵士をひきいて豊源屯に行き、政治的攻勢をかけることにした。ところが、これを探知した銭輔興は李大尉に命じて土匪たちを雪中に待ち伏せさせ、孫営長一行が村の入り口にさしかかったところで全員捕虜にした。孫営長と金万石は銃殺され、残りの者は裸で厳寒の中に追い出され凍死した。やっと三名が生還した。

それを知らない我が方の部隊の政治委員は、孫営長一行を追って土匪の巣くつに行き、またも逮捕されて死んだ。土匪どもは彼の生首を、村の入口の大門の外につるした。

復讐を決意した一五連隊の主力は一九四六年一月二三日、南昌洙の指揮のもと豊源屯に向かった。

銭輔興は、周囲七〇〇メートルの豊源屯に高さ四メートルの丸太で柵をめぐらし、その内側に深さ一・五メートルの壕を掘り、村の周囲には砲台をきずき、昼夜を問わず歩哨を立てて監視していた。土匪は重機関銃、軽機関銃、砲までももっていた。

さらに銭輔興は大石頭から日本軍敗残兵と土匪からなる八〇余名の増援軍を豊源屯に引き入れた。

戦闘開始後、村の大門の外に飛び出してきた一〇余名の敵兵を射殺したところ、彼らは柵の内側にこもって外に出なくなった。

我が軍は、敵の防御施設が堅固なうえに機関銃が故障したので、一時後退して敵を誘引しようとした。銭輔興はこちらの手にのらず一月二五日、二〇〇余名の土匪のうち八〇名だけを残してほかはみな三道湾に応援に行かせた。この日の我が軍の攻撃は、三道湾にたいしても同時に行われていたのである。銭輔興自身は豊源屯にいすわって土匪を指揮した。

李斗洙(28)が大隊長（営長）として率いる延辺別動隊も土匪粛清に参加した。この別動隊は李斗洙が組織した朝陽川の一個中隊と、八道溝の一個中隊、頭道溝の一個小隊を統合して大隊に編成したものであった。

李斗洙は抗日武装闘争の時期に金日成主席の警衛中隊長として活動中負傷し、金伯山の裏切りで逮捕されたことがある。だが、日帝の敗北とともに延辺刑務所から出獄し、ふたたび抗争の隊伍に復帰して戦った。彼は後に、大隊編成の別動隊をさらに拡張して連隊に昇格させた。

一五連隊長は南昌洙、一六連隊長は朴洛権だった。彼らは協同して三道湾地域の土匪粛清にのりだした。我が軍は一六連隊を先に出動させた。土匪たちは我が軍の攻撃部隊を発見するや、機関銃を撃ちまくって前進を阻もうとした。

三道湾の岸沿いに攻撃していた部隊と、大門に突撃した部隊から敵の機関銃による犠牲者が出はじめた。この有様をみた連隊長・朴洛権は、自ら擲弾筒を操作して敵の機関銃火点を粉砕した。そして、隊員の先頭にたって突撃した。

このとき明月溝からきた一五連隊の一グループは一五連隊の前進を援護し、もう一つのグループは三道湾の背後の高地を占領して敵の退路を絶った。敵は包囲された。

このとき、一台の戦車が戦場に現われた。姜健同志が三道湾の戦闘が熾烈であることを知って、日本軍から獲した戦車を送ってくれたのだった。土匪たちは「怪物」の出現におどろき、算を乱して逃走しはじめた。しかし我が軍の包囲から逃れることはできなかった。

朴洛権の連隊は戦車が切り開いた道を利用して東大門内に突入し、白兵戦を展開した。しばらく熾烈な戦いがつづいた。あわてふためいた土匪どもは銃を捨てて近くの農家にかくれたり、道端につもった雪のなかに頭を突っ込んでガタガタ震えたりした。

我が軍は村を捜索して、農民に変装した者、漬物小屋に隠れた者、武器を捨てて自宅に逃げこみ知らぬ顔の半兵衛を決めこむ者らをみな摘発した。日が暮れるころ三道湾は完全に占領された。

銭輔興の指令をうけて豊源屯方面に逃げようとした土匪たちは機関銃、擲弾筒、歩兵銃の猛射撃で六〇余名中半数ほどが倒れ、残りの土匪たちも我が軍の追撃で全滅した。

銭輔興は三道湾で味方が完敗したとの知らせをうけ、腹立ちまぎれに、四五歳ではじめて得た自分の乳のみ児を妾の懐から奪って地面にたたきつけた。そして、悲鳴をあげる妾の首を日本刀で斬って殺した。彼は、残りの土匪何人かをつれて長春に逃走したが、第一次長春解放戦闘で民主連軍に拘束され、その罪業にふさわしい報いをうけた。

奸悪無道な三道湾の土匪どもは、このように掃討された。

老爺嶺のふもとにある汪清一帯にも土匪が多かった。老爺嶺山脈を本拠地にし、ここに馬喜山を頭目とする「東北第一挺身軍」、安振有を頭目とする「東北挺身軍第五団」、姚玉霊、王克貴を頭目とする「東北自治軍第三支隊」、李慕敬を頭目とする「保安隊」など無慮三千八〇〇余名にたっする土匪がいた。(『中国朝鮮民族の足跡叢書』5、「勝利」〈朝鮮語〉、民族出版社、一九九二年、一九三頁)

彼らはみな、共産党と人民政権の転覆を目的に、蔣介石が特務を派遣して組織した政治土匪であった。

大地主で、日本軍憲兵隊の特務に成り下がった馬喜山は蔣介石の指図にしたがい、土匪の集団を「東北第一挺身軍」と称して司令となった。彼は土匪千余名をひきつれ老爺嶺の密林の奥深くにひそみ、汪清－老爺

(28)　李斗洙　一九一五年一月三日生まれ。解放前、中国延吉県で朝鮮人民革命軍に入隊し抗日武装闘争に参加。解放後、中国延吉県朝陽川警備隊中隊長、大隊長として東北解放戦争に参加。その後、朝鮮人民軍の重要な地位で仕事をした。一九九四年二月四日死去。抗日革命烈士。

嶺区間の鉄道を掌握し、そこにかいらい政権まで樹立して人民の生命財産を侵した。彼らは装甲車まで持っていた。一年足らずの間に共産党軍の幹部と兵士、人民を五六〇余名も殺害し、現金一億余元（旧貨幣）と馬三〇〇頭以上を略奪した。人民たちは彼を「殺し屋・馬喜山」とよんで歯ぎしりした。

土匪の頭目・安振有は以前に抗日闘争をしていたが、変節して羅子溝警察署の特務に成り下がった男である。彼は一九三〇年代前半期に、金日成主席が組織指導した羅子溝戦闘、東寧県城戦闘にも参加したが、その後、日帝の走狗になって酒場を経営しながら特務の仕事をしていた。日帝が敗北するとどさくさまぎれに、羅子溝を防衛するという口実で、日本軍とかいらい満州警察を基本とする七〇〇余名の「自治隊」を組織した。やがて蒋介石特務の指図をうけて「東北挺身軍第五団」と改称、自ら団長になった。彼は日本軍とかいらい満州軍からもらった各種砲八門と重機関銃、軽機関銃あわせて三九丁、各種歩兵銃六〇〇余丁で土匪たちを武装させ、一九四五年一一月の一ヵ月だけでも無辜の人民を一〇〇余名も殺害した。

安振有は初期に二〇〇余名の武装人員を持っていたが、一九四五年末には六〇〇名にふえた。

崔光同志は安振有を制圧するために、二〇余名の頼もしい青年たちをソ連軍のトラックに乗せて羅子溝市内に入った。崔光同志は朝鮮人民革命軍に入る前に羅子溝児童団で活動し、安振有救国軍部隊に何度も行って慰問公演をしたことがあるので彼をよく知っていた。

ところが彼は、ソ連の軍服を着た崔光同志が誰だか分からなかった。崔光同志は、あなたは私を知らないかもしれないが、私はあなたをよく知っている、私はソ連の軍服を着ているがソ連軍ではなく、金日成将軍のひきいる朝鮮人民革命軍だというと、狼狽してふるえだした。

崔光同志は、我々は過去を問わない、昔あなたは我々と一緒に東寧県城戦闘や羅子溝戦闘にも参加したではないか、その後、あなたは日帝に投降したけれども、いまからでも我々と手を結んで戦うなら過去をすべて許そう、よく考えてみよと促した。

崔光同志は三日間も彼とともに過ごして説得をつづけ、政治委員や参謀長も付けてやると言った。すると彼は、自分の部隊の兵士たちを集めるから、そこで演説してくれと崔光同志にたのんだ。

崔光同志は中国語で、朝中人民が団結して日本帝国主義と戦ったように、これからも手を結んで蒋介石に反対してともに戦おうと演説した。

その後、安振有は崔光同志が派遣した同志を政治委員と参謀長に任命し、手紙で連絡もしつつともに治安維持につとめた。かように安振有部隊を中立化することによって羅子溝地方の治安は保たれた。

しかしその後、安振有は本性を捨てることができず老黒山に逃走し、呉三虎土匪と合流した。崔光同志は四月七日、老黒山を攻撃して呉三虎土匪と安振有土匪をすべて掃討した。

一九四六年二月、姜健同志は朴洛権にたいし、汪清保安連隊の崔光同志、汪清警備司令部大隊長・金陽春と協同して、汪清一帯に残っている土匪を粛清せよとの命令を下した。

命令をうけた朴洛権、金陽春は崔光同志とともに作戦をねって一九四六年二月二二日、天橋嶺で李慕敬の「保安隊」土匪を攻撃した。

李慕敬は白旗をかかげて談判を請い、五二六名の土匪をつれて投降した。一部の土匪は投降せず廟嶺に逃走した。

朴洛権と崔光同志は廟嶺を包囲した。逃走土匪たちは初め頑強に抵抗したが、ついに一九〇名が投降した。二密台と草皮溝などに逃げ込んでいた土匪たち三〇〇名も捕虜になった。こうして、廟嶺一帯であばれていた土匪集団は根こそぎ掃討された。

老爺嶺の麓にわだかまっていた馬喜山は、地元の人民武装隊の攻撃をうけて、千余名の手下とともに汪清県羅子溝一帯に逃走した。
二月に姜健同志は、朴洛権と崔光同志に馬喜山を攻撃する任務をあたえた。彼らは寧安武装隊と協同して、熾烈な戦闘のすえに大部分の土匪は掃討した。だが、馬喜山は一部の手下をつれて逃走し、その後は吉林のかいらい満州軍残余勢力に加担した。
日帝の特務・姚玉霊、かいらい満州国警察だった王慶雲が組織した「東北自治軍第三支隊」も一九四六年一月、崔光同志の保安連隊の攻撃をうけて腰営口方面に逃走したが、ふたたび廟嶺、天橋嶺に追いつめられ、そこで大部分が掃討された。残りは馬喜山をたよって国民党軍に入った。姚玉霊などは後に我が軍に逮捕処断された。
安図県には、単という苗字の悪質地主三兄弟が頭目になっている土匪がいた。単秉俊、単秉仁、単秉義の三兄弟は一九三二年に日帝の手先になり、七〇〇余名の手下をあつめて警察大隊を組織し、単秉義が大隊長になった。彼らは日帝を笠にきて抗日遊撃隊員をはじめ多数の人民を虐殺した。(「中国朝鮮民族の足跡叢書」5、「勝利」〈朝鮮語〉、民族出版社、一九九二年、一九五頁)
日本帝国主義が敗北すると、彼らは土匪をかきあつめて「安図県公安隊」なるものを結成し、単秉義が大隊長となった。兵力千余名の彼らは二道白河、両江、松江、大甸子などに現れて人民の生命財産を侵した。(「延辺朝鮮族自治州概況」〈朝鮮語〉、延辺人民出版社、一九八四年、九〇頁)
一九四六年三月、姜健同志は吉東分区警備六連隊長・朴根植を責任者とする二個連隊を和龍で発足させた。九里の雪道を行軍して、安図県五道楊岔を占領していた土匪一個大隊を包囲した。五道楊岔村は山に囲まれていて、武装した土匪がひしめいていた。村の周囲を高さ二メートルの土塀でかこみ、西北の山頂には自動火器をすえた複数の火点がきずいてあった。

我が軍は三月六日午前七時に攻撃を開始した。朴根植連隊長は、まず高地を占領して火力で敵を制圧する一方、敵の火点をつぎつぎに撃破した。それでもなお機関銃を乱射しながら抵抗する敵と午後四時まで激戦を展開した。この戦闘で我が軍は土匪八〇名を掃討し、歩兵銃四〇余丁をろ獲した。

さらに三月八日、一個連隊は大沙河と小沙河を、他の一個連隊は東北方向から大甸子（現在の万宝郷）を攻撃して土匪八〇〇名を投降させた。

一九四六年三月一六日、姜健同志は二道白河に集結している単三兄弟を攻撃させた。以前に姜健同志は、単三兄弟に使者をおくって投降をすすめたが頑強に拒絶したので、やむなく掃討を決意したのであった。午前一一時から始まった戦闘は夜一二時までつづいた。二道白河戦闘は終わったものの、単家の土匪たちが安図県城まで逃走したので直ちに追跡した。こうして土匪の頭目・単秉俊、単秉義をはじめとする三五〇余名の土匪を拘束した。

しかし残り二〇〇余名の土匪たちは単秉仁に従って樺甸、吉林一帯に逃走した。単秉仁はその後、吉林解放のときに捕らえられた。

単三兄弟は安図県城と松江で人民の審判を受け処断された。安図県の土匪たちは根こそぎ掃討された。

敦化県には人民政権を転覆し共産党と人民政権、武装隊の幹部を殺害するのを目的にあばれている、いわゆる「先遣軍四師」「敦蛟司令部」「公安隊」などの土匪集団が五千余名もいた。

彼らは敦化に国民党のかいらい政権を立てる目的で、蒋介石が特務として派遣した土匪の頭目・紀大祚、張中一、劉化一にあやつられていた。

劉化一は日本軍敗残兵とかいらい満州国の残余勢力をかき集めて部隊を組織する一方、敦化に国民党臨時政府まで設けて自ら臨時政府の県長になった。彼はそのほかに国民党第一五集団軍、中央先遣軍、国民党敦化県党部の委任状までもっていた。彼は公然と国民党の看板をかかげた。そして、共産党の軍隊であった敦化保安司令部の八個大隊のうち七個大隊まで自分に従わせ、歩兵銃と拳銃四〇余丁をはじめ多くの武器も奪い、多くの共産党幹部と人民を殺した。

敵に投降しないただ一つの大隊があったが、それは朝鮮人で組織された大隊であった。

このように重大事態が生じていたとき姜健同志は、折りよく同地にきた朝鮮人部隊に命令し、敦化に残っていた朝鮮人部隊との共同作戦で土匪を掃討させた。土匪の頭目・劉化一は生け捕りにされ、紀大祚の土匪集団は掃討された。土匪の頭目・張中一は残った土匪たちをつれて県城の南側に逃走した。

一九四六年二月、姜健同志は吉東分区の武装隊を動員して敦化県城を攻撃した。戦闘は四月初までつづいた。姜健同志は、他の部隊まで動員してついに「先遣軍四師」司令部を占領した。

一〇〇余名の犠牲者と数十名の負傷者をだす苛烈な戦闘で、ついに千余名の土匪を掃討し、敦化に伸ばされた国民党の黒い魔手は完全に除去された。

これとほぼ同時に姜健同志は、三千～四千名の兵力をもって、三道湾平崗に巣食っていた土匪たちの粛清に乗り出した。

緒戦の一撃で、土匪はあわてて敦化の北部へ逃走した。ついで、天橋嶺と廟嶺に集結した七〇〇～八〇〇名の土匪たちに二番めの打撃を加えると、包囲された敵は投降した。

しかしながら包囲されなかった土匪集団は、春陽から逃げてきた馬喜山の兵力と合流して羅子溝に集結した。敵は琿春県からやってきた土匪たちまで合わせて二千余名にもたっし、武器も補充されて軽機関銃、重機関銃に小口径砲までもっていた。(「中国朝鮮民族の足跡叢書」5、「勝利」〈朝鮮語〉、民族出版社、一九

九二年、二〇〇頁）

一九四六年三月下旬、姜健同志は朴洛権とともに羅子溝の土匪を粛清する戦闘をくりひろげた。羅子溝戦闘には琿春保安連隊と、延吉県と牡丹江で組織された一四連隊、一五連隊が参加した。

当時、部隊の各中隊には重機関銃一丁、軽機関銃二丁、擲弾筒二丁があった。

兵士たちは家から着てきた服をそのまま着ていた。一部の兵士たちは下着すら身に着けていなかった。少なからぬ兵士たちは草鞋《わらじ》をはいていた。だから、長距離行軍をするときは前もって草鞋を何足か編んで、それを持って出発せねばならなかった。しかしながら、彼らの士気は極めて高かった。

天橋嶺で約一ヵ月間軍事訓練をしてから、部隊は羅子溝に向け出発した。

四月四日、部隊は羅子溝に入った。土匪は朝鮮人部隊がきたとのうわさを耳にするや「特使」をよこし、投降すると姜健同志に伝えてきた。だが姜健同志は、土匪たちが狡猾なのを知っていたので警戒心を捨てず、警戒勤務を徹底した。

翌日早朝、土匪の「特使」が「投降条件」をたずさえてまたやってきた。姜健同志から「無条件降伏せよ」との最後通牒をうけた「特使」が、我が軍から五〇〇メートルほど離れると、不意に敵の砲撃がはじまった。敵は我が軍司令部の位置を確認するために、二日間に二度も「特使」を送って偵察にきたのであった。

土匪は早くから戦闘準備をととのえ、高いところにある部落を占領して我が軍のようすを手に取るように見下ろしていた。

姜健同志は三道河子のとなりにある飛行場の、管制塔のあった場所に司令部をもうけ、そこから戦闘を指揮した。（『中国朝鮮民族の足跡叢書』5、「勝利」〈朝鮮語〉、民族出版社、一九九二年、二〇二頁）

姜健同志は、まず高地の後ろにある砲陣地を急襲して破壊した後、正面と左右から包囲して殲滅する作戦計画を立て、各連隊に騎乗連絡兵を派遣した。この戦闘で、第七中隊の副中隊長・金成範は大活躍した。土匪部隊は算を乱して逃走し、我が軍は追跡してなぎ倒した。この戦闘で我が軍は野砲一門、平射砲四門、重機関銃四丁をはじめ多くの武器弾薬をろ獲した。

この時期、安図県五道楊岔、和龍県松下坪一帯をうろつきながら人民の生命財産を侵していた四〇〇余名の土匪たちも、姜健同志の指示で完全に掃討された。

延辺地区を脅かしていた土匪たちは、一九四六年七月までに完全に掃討された。八ヵ月近くの戦闘期間に各種砲二四門、重機関銃・軽機関銃七六丁のほか歩兵銃と弾薬など多くの軍需物資をろ獲した。

延辺地区での土匪粛清の成果は、東北地方における最初の大きな勝利であり、この地区の人民たちの生命財産を保護して東北解放戦争を力づよく支援できるようにする、しっかりした担保になった。

南満では李紅光支隊が、日本軍敗残兵と国民党特務組織の土匪が結託した一九四六年二月三日の反革命武装暴動を二時間で鎮圧した。

一九四六年二月二日は中国の陰暦正月であった。

四方を白頭山脈の峰に囲まれた通化市は、祝日をむかえて爆竹の音、鉦《かね》や太鼓の音にあわせて踊る人たち、それを見る人々でにぎわっていた。

夕方六時がすぎると、家ごとの軒下につり下げた色とりどりの提灯に灯がともり、通りが明るくなった。

李紅光支隊の糾察隊員が市街で、腕章をまいた二名の男から拳銃を押収した。同じ時刻に、他のところでも腕章をまいた二名を拘束した。

彼らの自白によって、二月三日午前四時を期して通化全市で暴動がおきること、暴動開始の合図は全市の電灯が三回点滅してから完全に消えること、玉皇山上に三つの焚き火が燃え上がること、暴動のとき日本軍敗残兵は「東辺地区臨時部隊」という腕章をまき、国民党は「中国国民党遼寧党部通化県党部執行委員会」という腕章をまくこと、合言葉は「山、川」、注意事項は草鞋をはくことと、各隊は懐中電灯で三回輪を描いて味方であることを知らせること、などが分かった。そして暴動指揮者は孫耕暁であることも明らかになった。

この事実を、支隊長と政治委員はただちに共産党通化省委に報告した。省委は敵どもの「二・三反革命暴動」を鎮圧する具体的な計画をたてた。

暴動の頭目・孫耕暁はかいらい満州国の官吏として多くの革命家を虐殺し、日帝敗北後は国民党通化県書記、東辺地区臨時軍政委員会主任という国民党の主要人物となった。彼は土匪、かいらい満州軍、かいらい満州国警察をかきあつめ国民党地下保安軍を組織して反革命暴動を準備した。

二番めの頭目である藤田実彦は関東軍一二五師団参謀長をしていた大佐で、戦争犯罪人だった。この男は敗戦後、通化市に潜入して孫耕暁と手をむすび、武装解除された三千余名の日本関東軍をかき集めて反革命陰謀をたくらんだ。

孫耕暁は蒋介石の指示により藤田にまず一〇万元をあたえ、暴動が成功したあかつきには一千万元をあたえると約束した。藤田は国民党東辺地区臨時軍政委員会の軍事部長という肩書きを与えられていた。

孫耕暁と藤田はすでに一九四五年末から通化、臨江、撫松、長白、集安、安図などで、投降した日本軍、かいらい満州軍、かいらい満州国警察、土匪などをかきあつめ大規模な反革命暴動をおこそうと画策したが失敗した。そこで、こんどは通化市だけでも暴動をおこしてみようと試みたのであった。

彼らは通化市が南満の重要な革命根拠地であり戦略的要衝であることに着目し、ここを掌握すれば全南満地区を容易に占領できると踏んだのであった。

暴動の具体的な方法はつぎのようであった。

暴動信号は①汽車や自動車が汽笛を三回鳴らす。②飛行機の尾翼に赤い布を巻き、地上には赤い布を巻いたT字形の板を置く③戦車の上に「東辺道地区臨時部隊」と書いた三角形の旗を立てる。④各指揮所には国民党の旗をかかげる。

武力は機関砲、機関銃を備えた戦車四台、爆弾、機関銃、機関砲を装備し宣伝物をつんだ飛行機四～五台、そして拳銃隊、長刀隊、機関銃隊であった。

攻撃目標は①李紅光支隊と人民自衛隊通化自衛隊司令部、②通化行政公署、③県民主政府、県大隊、裁判所、④市公安局、後勤部、⑤市電話局、電業局であった。このほかに東北砲兵学校、飛行場、東北飛行学校、通化地区放送局、赤十字病院、「団結日報」社と「通化日報」社も攻撃目標になっていた。当時、共産党内の機関は秘密になっていたので、攻撃計画に入れることができなかった。

暴動軍は戦車部隊で龍泉街を占領したのち通化市を統制し、航空隊は宣伝ビラをまきながら玉皇山を占領するつもりであった。

そのとき、通化市の共産党軍主力部隊は他の地域の土匪を粛清するために出動していた。こうして李紅光支隊と八路軍の残留部隊はあわせて約五〇〇名、一個大隊分の兵力のみが暴動鎮圧の主力となった。朴正徳が指揮する李紅光支隊の主力は、金日成主席の指示で通化に入った数千名にたっする平安北道の朝鮮青壮年たちであったが、通化市には僅かしか残っていなかったのである。

李紅光支隊司令部では、探知した反革命暴動計画と彼我の力量関係を分析した上で、つぎのような戦闘計画を立てた。

①暴動が起きる前に孫耕暁と藤田実彦を生け捕りにする。②他地域に出動した主力部隊を早急に呼びもど

す。③幹部と党員を武装させる。④労働者自衛隊を武装させる。⑤警戒心を高め警備を強化し、戦闘準備をしっかりととのえる。

李紅光支隊と武装した朝鮮族の地方工作員たちは、まず孫耕暁の家を包囲した。おりしも彼は幾人かの頭目たちとともに、六羽の焼いた鶏と六頭の豚の足を並べていわゆる「六・六大順」（六の字が重なると万事順調になるという迷信）を祈りながら酒盛りをしていた。

李紅光支隊の戦士らが表と裏の窓を封鎖してから、決められた通りの合図をするとすぐに扉が開けられた。李紅光支隊員たちは悠然と部屋のなかに入って一〇余名の暴徒を拘束し、暴動関連文書と武器、日本軍の将校服などをろ獲した。

だが、暴動は計画どおりに起きた。二月三日明け方四時、市内の電灯が三回点滅してから完全に消えた。敵はまず、通化市の変電所を占領したのであった。玉皇山上の三ヵ所に焚き火が燃え上がり、長い汽笛が三回響いた。

孫耕暁は逮捕されたが、藤田は日本関東軍の元佐官級将校だった栗原の家から暴動を指揮した。敵は計画通りに分散して党機関と政権機関、李紅光支隊の駐屯地をはじめとする対象を攻撃した。戦闘は熾烈であった。西山に駐屯していた戦士たちは暴動軍に包囲された。日本関東軍は狼の群れのように襲いかかった。だが、指揮員たちは先頭に立って沈着に立ち向かい勇敢に戦った。包囲された我が軍は白兵戦で一〇〇名以上の敵兵を倒し包囲網を突破した。この戦闘で李学文は一人で九名の敵兵を倒した。

赤十字病院にかけつけた戦士たちは、凄惨な光景に衝撃をうけた。

この病院の医師、看護婦はみな日本人だったが、彼らの中に潜んでいた暴徒たちは暴動開始と同時に、入院中の李紅光支隊の負傷者たちを手当たりしだいに虐殺したのであった。

　赤十字病院に突入した朝鮮族戦士と八路軍戦士は弾雨のなかをものともせず、集中射撃で敵の火力を制圧し、病院内の暴徒を摘発して一掃した。通化市全体に銃声が鳴り響いた。

李紅光支隊の戦士たちは、玉皇山から下りてくる敵と遭遇するや白兵戦を展開した。

専員公署の占領に失敗した敵は、我が軍の戦士が前進する通りに向けて機関銃を乱射した。

おりしも、他の地域に出ていた我が軍の戦士たちが駆けつけてきた。池炳学は軽機関銃で敵を制圧しつつ市の中心部にある広場に砲をすえ、郵便局に集中砲撃を加えた。敵は玉皇山方面に逃走しはじめた。飛行場でも敵の計画は破綻した。

　朝陽がのぼり始める頃、我が軍戦士の総反撃で通化の全市街は敵の死体でうずまった。

二月四日午前、藤田実彦の住む住宅地区を包囲し、藤田をはじめとする三〇名近くの指揮メンバーを拘束した。

二月三日の暴動鎮圧で李致浩（反日愛国烈士）の活躍がめざましかった。朝鮮解放前から反日闘争に参加した彼は一九四六年初、通化で李紅光支隊に編入されさまざまの戦闘を経験した。彼は蒋介石一味の二月三日暴動を鎮圧する作戦に最初から参加し、自分の所属部隊が、暴動に加担した日本関東軍敗残兵二〇〇余名を生け捕りするうえで抜群の功を立てた。李致浩は捕虜のうちの労働者、貧雇農出身の日本軍人を教育して敵陣におくりこみ、彼らを通じて、反革命陰謀をたくらんで隠れている者、蒋介石の特務に鞍がえした元日帝特務など数十人を摘発して暴動鎮圧に大きく貢献した。

　拘束暴徒にたいする審問の結果、暴動指揮部は三ヵ所にもうけたこと、暴動の目的は通化にある共産党武力を掃滅して人民政府を転覆したのち、中日連合政府を樹立して全南満地区の共産党根拠地を占領することだった、などが分かった。暴動が成功すれば孫耕暁が国民党と国民党政府の責任者になり、藤田は軍事を管轄することになっていた。そして、日本関東軍敗残兵は東辺道地区臨時部隊として編成し土匪、警察、特務などは中央軍として編成することになっていた。

敵は、蒋介石の指示のもとにこのように大きな暴動を用意周到に組織したのだが、結局は失敗に終わった。藤田は処断された。

敵は全部で一万二千三〇〇余名だったが、殺傷された日本関東軍は千余名、捕虜となった日本関東軍は三千名、国民党土匪は一三〇〇余名であった。（「中国朝鮮民族の足跡叢書」5、「勝利」〈朝鮮語〉、民族出版社、一九九二年、二五七頁）

蒋介石一味がたくらんだ「二・三暴動」鎮圧作戦で決定的な役割をはたしたのは、朝鮮人部隊である李紅光支隊だった。

これについて「満州国警察小史」はつぎのように書いている。

「二月三日、三時五〇分、一発の銃声が聞こえ、あちこちで火蓋がきられた。その後、『司令部及び専売《ママ》公署方面への進撃は概ね予定どおりだが、朝鮮人部隊方面の戦局は我方に不利である。各組から至急応援隊を送れ』との連絡があり、（中略）『戦闘』はまたたく間に敗れ三名だけ逃げ帰り天井裏にひそんだ。」（「満州国警察小史」第三編、加藤豊隆著、元在外公務員援護会発行、一九七六年、一九五頁）

李紅光支隊の決定的役割にたいして東北軍と南満地区の党と人民政府、東北民主連軍は賛辞を惜しまなかった。

李紅光支隊は南満で、一九四六年一二月臨江防衛戦がはじまる前までの七ヵ月間に白頭山地区の土匪集団を基本的に掃討した。

吉林市で朝鮮青年を主にして組織した吉林保安総隊第七大隊は、第七支隊に改編されてのち樺甸に指揮部を置き、周辺の土匪を粛清する活動に着手した。

当時、一大隊は五〇〇余名の朝鮮青年で構成されていたが、抗日武装闘争に参加した宋武旋が大隊長であった。

樺甸一帯には昔から土匪が多かったのだが、日帝敗北後、国民党にそそのかされて反動どもが大小の土匪部隊をいたるところで組織しあばれだした。大きい土匪部隊は相山虎部隊で、四〇〇余名もいた。小さい土匪部隊は三〇~五〇名ていどだった。

当時、樺甸一帯の土匪を清算する問題が吉林省全体の重要問題として提起されていた。宋武旋は自分の大隊が責任をもって彼らを粛清すると言った。彼はまず、小さな土匪部隊の粛清から手をつけた。

抗日武装闘争の時期、金日成主席が、まず群衆のなかに入って彼らを目覚めさせ発動させて敵との戦闘を展開した経験を、宋武旋は手本にした。彼は樺甸東方の夾皮溝にいた土匪を掃討するときも、そのようにした。

彼は村に入ってまず群衆を集め、中国人民も朝鮮人民もひとしくこれまで日本帝国主義の抑圧統治をうけていたが解放されて国の主人公になった、だが、いま反動どもと土匪どもがまたもや策動しているから、我々が力を合わせて土匪どもを掃討せねばならない、では、どうすればよいか、土匪たちに食糧を与えず食べ物を家のなかに隠しておけ、土匪たちが現れたらただちにわが部隊に知らせてくれと言った。このように群衆を目覚めさせると、彼らは力を合わせて夾皮溝の土匪どもを全滅させようと決意をかためた。

しばらくして、紅石砬子の東方に土匪が現れたと村人が知らせてきた。宋武旋は夜襲をかけて、眠っていた土匪どもを全滅させた。

このような方法で樺甸一帯の小さな土匪集団をみな粛清したあと、相山虎部隊の掃討にとりかかった。まず、絶えず軍事的威嚇を加えながら、瓦解工作のため中国人を通じて手紙を送った。手紙には、今は以前とは違う、土匪には前途がない、すでに小規模の土匪はみな壊滅しあんたらだけが残った、投降すれば生かしてやるが、抵抗すれば皆殺しだと書かれていた。

その一方、土匪たちの親戚を利用して、土匪たちに絶えず影響をあたえた。

はじめのうち、土匪は手紙を突き返し戦おうと挑んできた。しかし、瓦解工作の一方で軍事的攻勢もかけると、とうとう音をあげて投降した。

こうして一九四六年春までに、吉林周辺の土匪たちはみな掃討された。そのとき、吉林軍区司令部から周保中が宋武旋の大隊を訪れて、活動成果を高く評価した。

北満地域でも土匪粛清闘争が力づよく展開された。

一九四五年一〇月、牡丹江市に人民政府が成立すると、国民党反動どもはこの地区に特務、スパイを送りこみ民族反逆者、かいらい満州国時期の憲兵、警察、官吏をしていた者らをはじめとする反動どもを集めて、人民政権の転覆をたくらんだ。

国民党反動どもは謝文東、李華堂、馬喜山、周彪など悪名高い土匪の頭目どもを国民党軍の司令官に任命し、謝文東は鶏西を、李華堂は林口を、馬喜山は鹿道を、周彪は穆稜を拠点として、牡丹江市にたいする包囲陣を敷いた。

事態が重大になるなかで、金日成主席が派遣した朝鮮人民革命軍の軍事政治幹部たちは「高麗警察隊」をはじめ、市内外から入隊した二千余名の青壮年で牡丹江軍区一四連隊三大隊と一五連隊三大隊を組織した（三大隊はいずれも朝鮮人大隊）。

牡丹江軍区司令部派遣員は軍区司令部警衛中隊長・趙明善(29)（抗日革命闘士）だった。彼は一四連隊三大隊長などとともに一九四六年一月下旬から、牡丹江市を包囲した土匪の粛清に乗り出した。一四連隊は林口方面へ、一五連隊は穆稜方面へ、二連隊と七連隊は鹿道と鶏西方面に出動して土匪たちの拠点を掃討した。この作戦で一四連隊の朝鮮人中隊は樺林、北甸子、柴河、五林などで土匪を掃討し、三月一八日早朝には馬蓮河で待ち伏せ攻撃をして一〇〇余名の敵を殺傷した。鶏西付近でも土匪を殲滅した。

それ以後、土匪は高麗人部隊（朝鮮人部隊）と聞いただけで、恐れをなして逃げだした。だが一部の悪質土匪は、主力部隊が一時的に他の地域に出動している隙をついて牡丹江市を占領しようと試みた。

一九四六年五月一四日、五〇〇～六〇〇名の土匪が大通りを通って市内に侵入し、夜中に牡丹江軍区司令部を包囲して集中攻撃してきた。

司令部の警護を担当していた警衛中隊長・趙明善同志は多勢の敵に立ち向かって頑強に抵抗した。重機関銃手たちはすばやく屋上にのぼり、有利な位置から猛射をあびせた。同時に軽機関銃、機関短銃、歩兵銃がいっせいに火を吹いた。おじけづいた敵は頭を上げることもできず、手榴弾を投げながら後ずさりした。彼らの手榴弾は、やっと塀をこえて家のまわりの空き地で爆発するのみだった。

このとき、遠からぬところからけたたましい銃声が響いてきた。他の土匪集団が綏寧省政府、省政府保安処など主要機関を襲撃したのであった。省政府の朝鮮族青壮年で編成された警衛連隊が土匪どもを痛撃した。幹部学校にいた朝鮮族学生たちも戦闘能力が高かった。

司令部の空き地には、日本軍が捨てていったのを修理した戦車が一台あった。命令が下るや、戦車は機関銃を射ちながら前進した。

牡丹江軍区司令部政治委員は細鱗河畔の頭道河子にいたが、牡丹江市内に土匪が侵入したとの知らせをうけて部隊を急遽移動させた。三〇～四〇キロメートルの夜道を走り、牡丹江市についたころは東の空が白みはじめ、銃声がやんだ後だった。

一九四六年五月一五日、土匪たちが省政府を転覆しようとたくらんだ「五・一五反革命武装反乱」はこのようにして敵側の失敗に終わった。（「中国朝鮮民族の足跡叢書」5、「勝利」〈朝鮮語〉、民族出版社、一九九二年、二二一頁）

土匪の頭目たちは人民の審判をうけて、牡丹江市の西区運動場で処刑された。

この戦闘で誰よりも勇敢に戦った戦車兵・金秉俊は、戦闘が終わった後、戦車のふたを開けてあたりを見回していたところへ、不意に飛んできた銃弾にあたって二四歳の花のような青春を散らせた。

牡丹江地区の土匪掃討は、このようにして終わった。

謝文東、李華堂、馬喜山を頭目とする土匪の集団が、北満一帯のあちこちに追いつめられた末に掃討されたのも、ちょうどこの頃であった。

一九四六年二月二四日、三江の民主連軍は李華堂土匪を粛清するために出動した。強行軍する隊伍の後を軍糧と砲弾をつんだトラックが何台か従ったのだが、市内をはずれると一台が転覆した。補給部隊の戦士が何人か負傷した。調べたところ、転覆した車の運転手は、我が軍に潜入した土匪であった。

武装隊はついに李華堂土匪集団と遭遇した。だが、一部の土匪は殺傷したものの、我が方の損害がもっと多かった。さらにその後、我が軍の戦士六名が地雷にかかってまた死んだ。

戦友たちの死をみて、戦士たちの胸には復讐の炎が燃え上がった。戦闘がはじまるや、銃のない戦士らま

(29)　趙明善　一九二三年一一月二七日生まれ。解放前、中国長白県で朝鮮人民革命軍に入隊して抗日武装闘争に参加。解放後、牡丹江軍区司令部警衛中隊長として東北解放戦争に参加。その後、保安幹部訓練所をへて朝鮮人民軍の重要な地位で活動中、一九九四年七月八日死去。抗日革命烈士。

でが棍棒で土匪を打ちのめし、銃を奪って武装した。

方正で手ひどく打ちのめされた李華堂は、散りぢりになった手下どもを集めて、謝文東と合流しようと鳥嶺方面に逃れていった。その年三月、謝文東と馬喜山の一味が牡丹江方面に現れた。

我が軍部隊は頭道嶺子という村で土匪と対峙した。土匪は火点をきずき、周囲に何重もの鉄条網をめぐらし、塹壕まで掘ってあった。だが、我が軍戦士たちは猛射撃をあびせて敵の火点を破壊し、鉄条網の上に板をかぶせて敵陣に突入した。土匪たちは掃討された。

戦闘終了後、牡丹江軍区司令部政治委員は一四連隊を当地の武装隊と合わせて隊伍を拡大し、土匪の掃討と謝文東の追撃をつづけるよう命令した。

謝文東の配下には一個騎兵連隊があったが、連隊参謀長が朝鮮人だった。部隊ではその参謀長を説得して我が方に寝返らせた。

その後、ひと月余りの間に二千五〇〇キロを行軍して三〇余回も土匪たちに痛撃を加え、そのしゅん動を封じた。

謝文東は五月のある日、手下をひきいて土匪の巣くつである青龍山に入った。その情報を得た我が軍は青龍山を包囲し、二〇〇余名を掃討し六七名の騎兵を生け捕りにした。謝文東は命からがら鳥嶺に逃げこんだ。

牡丹江軍区司令部では五〇〇余名の戦士たちに青山、虎山にいる土匪集団を殲滅して李連熙土匪集団を掃討するよう命じた。彼らは謝文東の手下七〇余名を粛清した後、二ヵ月間、富錦、集賢、四方台一帯で土匪との戦闘をつづけたが、その期間はじつにきびしい日々であった。蒸し暑い夏の日にも防寒靴を履いて一日五〇キロずつ歩かなくてはならなかった。草むらに野営するときは蚊の群れと戦わねばならなかった。服と靴がボロボロになった。食糧も乏しくなり、炒ったとうもろこし一握りで食事を済ますか、ときにはそれさえ無くて何食も抜くことがあった。しかし戦士たちは最後まで任務を果たして李連熙土匪集団を粛清した後、チャムス（佳木斯）に帰ってきた。

その日、民主大同盟では彼らを歓迎して、心のこもった食事をもてなした。

数百万人民を飢饉から救うために、我が軍はソ連との貿易に必要な金《きん》を守らねばならなかった。

牡丹江軍区司令部は九月三日、チャムス南部地域で我が軍の発電所と金鉱をまもりつつ金の採取を行う特殊任務を一部の戦士たちに命じた。ところが、その任務を忠実に遂行していた一六名の勇士たちが、土匪の襲撃をうけて壮烈な最期をとげた。

これに憤激した我が軍は、土匪をさらに厳しく攻撃した。孫邦游は我が軍の猛追をうけて樺南県の達連浦に追いつめられ、炭焼きがまのなかに隠れていたところを射殺された。彼の五四名の手下もみな掃討された。しばらく後、李華堂、馬喜山、張豁子など土匪の頭目たちはみな、我が軍の銃弾にあたってあの世に行った。土匪の頭目・謝文東は、民主連軍の戦士らに拘束された。一九四六年一二月三日、彼は永坪金鉱で犠牲になった一六名の烈士陵の前にひざまずかされ処刑された。

もっとも悪質な北満の土匪頭目たちとその配下は、このように殲滅された。

寧安でも牡丹江軍区派遣員たちの指揮下に、一〇〇余回の戦闘の末、土匪を粛清した。

金日成主席の指示にしたがって中国東北地方に派遣された朝鮮人民革命軍の軍事政治幹部らが遂行した反土匪作戦は、中国革命家たちとの共同闘争であった。朝鮮の革命家たちはこの戦闘でつねに先頭に立ち、みんなの模範となった。

反土匪作戦でかがやかしい勝利を得たことにより、第三次国内革命戦争がおきる前にすでに、中国東北地方で土匪たちは、連合した勢力として活動できなくなっていた。敵がたくらんだ「内応外合」は破綻した。

これは、自ずからもたらされた勝利ではなかった。それは、金日成主席の賢明な教えと、主席の高い志を心に刻んで熱血の青春を反土匪作戦にささげた数多くの朝鮮革命家たちの、赤い血でいろどられた勝利であった。

第五章　危機打開の方略

中国共産党は東北地方を占領するために、日本帝国主義敗北直後の一九四五年八月中旬、一〇余万名の大兵力を東北に進出させることにした。このとき、幹部たち二万余名もそこに送ることにした。

中国共産党中央委員会の指示をうけた幹部たちと軍隊は輸送手段もままならず、関内から東北までの距離を行軍する物質的準備も十分でなかった。蔣介石国民党軍の絶え間ない空襲もあって、おもに夜間に行軍した。驢馬まで動員して行軍した先頭部隊は、ひと月もたたない九月六日に瀋陽に入り、他の部隊は一一月頃にみな東北地方に入った。

あわてた蔣介石はアメリカの飛行機と艦船の支援のもと、三〇余万名の軍隊を急遽東北に進出させたが、彼らは共産党軍におくれて東北地方に入った。

当時、東北地方に入ってきた中国共産党軍と国民党軍の力量には大きな差があった。

中国共産党軍は国民党軍に比して数的に劣っていたばかりか、装備においても劣悪であった。長期間抗日戦争をしていたので、装備を改善するいとまもなかったし、空軍や海軍も持っていなかった。

一九四六年五月、ソ連軍が東北地方から完全撤退すると、蔣介石はその機会になんとしても全東北を占領しようとした。彼は二二個師団を東北に投入して主要諸都市と軍事要衝を掌握し、共産党軍を不利な態勢に追い込もうとあらゆる手をつかった。

そのため共産党軍は一時、北満や鴨緑江にまで追いつめられ、部隊相互間の連係、さらには中国共産党中央委員会との連係までも断ち切られ、その指示も適時にうけられない状況にまで追い込まれた。

一九四六年春は、まさに全国的な内戦の火が降りそそごうとする厳しい時期であった。

中国共産党は、内戦をなんとか回避しようとあらゆる努力をしつつ、国民党が要求する交渉に幾度も応じた。蒋介石は武力増強をつづけながら、東北地方を占領するための時間かせぎに交渉を巧みに利用した。

一九四六年六月六日から一五日間、またも双方は停戦状態に入った。だが蒋介石軍が協定を破って攻撃をつづけたので、地域的な戦闘は継続された。蒋介石は一月から、停戦協定がむすばれた六月初までに、すでに一〇〇万名以上の兵力を移動させていた。

蒋介石は米国務長官マーシャルを通じて、中国共産党に次のような条件を突きつけた。
一、華北における人民解放軍（共産党軍）は熱河とチャハルの二省、山東半島の煙台と威海衛、そして六月七日以後にかいらい満州軍の手中から解放した山東省の大小諸都市から撤収し、国民党軍が青島、天津にそれぞれ一個軍を増派する。
二、東北地方における東北民主連軍（共産党軍）はハルビン、丹東、通化、牡丹江、白城子から撤収する。
蒋介石は停戦会談のなかで、人民解放軍が撤収すべき地域を何ヵ所かさらに追加して要求した。すなわち、六月七日以後に解放された山西、華北の大小諸都市を国民党軍に明け渡せというのであった。蒋介石のこのような一方的で傲慢無礼な要求は、南京でつづけられていた停戦会談を破綻させた。（「東北解放戦争大事記」〈中国語〉、中国党史資料出版社、一九八七年、六五～六七頁）
蒋介石は、停戦会談を利用しながら中国共産党にたいする全面的な戦争計画を完成した後、停戦協定と政治協商決議を乱暴に破棄して一九四六年六月二九日、中原解放地区の共産党軍にたいする大々的な「討伐」を開始した。全面的な第三次国内革命戦争の幕はこうして開けられた。

東北解放戦争はこの革命戦争の一部分だったが、東北地方で勝ってこそ全国的な戦争で勝利することができるので、共産党軍は血みどろの闘争をくりかえしつつ、何としても厳しい試練を乗り越えねばならなかった。

その危機を打開して東北解放戦争が勝利できるよう支援したのが、まさに金日成主席だったのである。

蕭華司令員の要請

蕭華は中国共産党中央委員会からうけた緊急指示にしたがって一九四五年九月、山東軍区の司令部、政治部、後方部の一部幹部千余名をひきいて蓬莱県欒家口を出発、海を渡って東北に進軍し九月末に瀋陽に到着した。同時に山東から多くの部隊が東北に入ってきた。蕭華は中央に報告した後、九月末から一〇月初までの間に部隊を丹東地区に配置した。(「東北解放戦争大事記」〈中国語〉、中国党史資料出版社、一九八七年、一一頁)

一九四五年一一月に入ると、優勢な蒋介石国民党軍が丹東にせまってきた。しかし蕭華には、難関を打開する方策が浮かばなかった。

蒋介石国民党はアメリカの軍事的支援のもとに、中国東北地方を一撃のもとに制圧しようと大々的攻撃を敢行していた。

日別に攻撃状況をあげてみると次のようである。

一九四五年九月三〇日、米軍が中国の塘沽に上陸

一九四五年一〇月二日、米海軍陸戦隊千二〇〇余名が秦皇島を侵略して占領

一九四五年一〇月四日、煙台沖に侵入した米太平洋艦隊黄海分艦隊の派遣将校が上陸し煙台駐屯の中国八路軍（共産党軍）に、煙台を米軍に「接収」させるよう公然と脅迫

一九四五年一〇月三〇日、秦皇島駐屯米軍は国民党第九四師の一部とともに冀東解放区の臨楡県海陽鎮を占領し山海関地区を侵犯。国民党第一三軍が米軍艦で秦皇島に上陸

一九四五年一一月一日秦皇島に上陸した国民党第一三軍が山海関守備隊（共産党軍）を攻撃

一九四五年一一月一三日、国民党第五二軍の趙公武部隊が数十隻の米軍艦で輸送されて秦皇島に上陸し、国民党第一三軍とともに山海関を猛攻撃

一九四五年一一月一六日、国民党軍は米軍の支援のもと山海関を占領

一九四五年一一月一九日、国民党軍が綏中を占領

一九四五年一一月二一日、国民党軍が興城を占領

一九四五年一一月二二日、国民党軍が錦西を占領

一九四五年一一月二三日、国民党東北行轅は関吉玉、楊綽庵などの接収隊員を派遣して「鉄石部隊」二〇〇〜三〇〇〇名を瀋陽からハルビンまで輸送機で移動させる

一九四五年一一月二六日、東北人民自治軍（共産党軍）は主導的に錦州から撤収、その後で敵軍が錦州を占領

一九四五年一二月十一日、国民党軍は山海関、錦州を占領した後、東北にむけて大々的に軍隊の輸送を開始

一九四五年一一月二二日、米第七艦隊が杜聿明部隊を葫蘆島に輸送開始
一九四五年一二月二二日、国民党が長春に彼らの市長を派遣
一九四五年一二月二七日、国民党から任命された市長たちが瀋陽市とハルビン市に入る。(「東北解放戦争大事記」〈中国語〉、中国党史資料出版社、一九八七年、一五～三三頁)

蒋介石国民党軍は米軍の支援とおのれの一時的な力量優勢をたのみに、瀋陽と長春をはじめとする東北地方の主要都市と鉄道沿線地帯をまず掌握し、南は丹東と通化、北はハルビンとチチハル、東は吉林方面に進出して、いずれは東北全域を支配しようとたくらんだ。

中国共産党軍は、日帝敗北直後に解放した丹東市をはじめとする鴨緑江沿岸の広い地域と重要大都市、鉄道沿線地帯を明け渡して農村山間地帯に退かねばならなかった。

このような時期に金日成主席は、中国の同志たちの要請で丹東に渡り、東北解放作戦を討議した。

当時、蕭華部隊は延安根拠地とも連係が絶たれ、独りで国民党軍と戦わねばならなかったので、軍事指揮員らは自分たちの家族をあらかじめ後退させたのだが、その家族らが途中で国民党軍に襲われ、敦化地方に連行されていた。

部隊もいつどうなるか分からない危急に際して、蕭華は金日成同志に助言を求めるため参謀長を朝鮮に派遣した。

おりしも、金日成主席は平安北道新義州市に出向いて、新朝鮮の航空隊創設を現地で指導していたところだった。

主席は鴨緑江をはさんで隣接している丹東で、遼寧軍区がきわめて厳しい試練に直面しているのを知っていた。たびたび双眼鏡で丹東市内を望みながら心配していた主席は、参謀長と新義州で会った。

参謀長は蕭華司令員の緊急要請をもってきた。要請は、夜に主席が鴨緑江を渡り丹東に来て、遼寧軍区の直面した危機の収拾方策について助言してほしい、というものであった。

金日成主席は当時を振り返って、次のように述べている。

「我々が祖国を解放した年、一九四五年の冬のことでした。

ある日、丹東から蕭華が私に人を寄こしました。彼は、国民党軍がすぐにも丹東を攻撃してくるので、丹東を解放した自分たちの部隊は撤収するつもりだが、すぐにも私と会いたいと申し入れてきたのでした。彼は、私が夜に丹東まで来てくれれば有難いとのことでした。それで私は、夜に乗用車で新義州から丹東まで渡ってゆきました。」

金日成主席は丹東で東北民主連軍の主な指揮メンバーと会ったこと、戦略戦術的対策を立てた後、蕭華の家庭を訪問したことについて、次のように回想している。

「蕭華はそのとき、丹東を解放した遼寧軍区司令員兼政治委員でした。彼は今、中国人民政治協商会議全国委員会副主席です。

私が丹東に渡っていったとき、蕭華の妻と子供たちはみな出発の準備を終えて家で待機していました。その家はたいそう寒かった。

私はその夜、三時間以上も蕭華と話し合って、新義州に帰ってきた時はすでに明け方の四時をすぎていました。

その日、蕭華は自分の部隊はただちに撤収するのだが、傷病者をはじめ少なからぬ人たちが朝鮮の土地を経て、北満に後退できるようにしてほしいと要請しました。私は同意しました。

そのあと、たくさんの中国人が鴨緑江大橋を渡って我が国に入り、清水と中江へも渡ってきました。多分そのとき、鴨緑江にかかっている橋を渡ったのはみな中国人だったと思います。蕭華の家族も新義州へ渡ってきて、義州の方へ北上したといいます。

蕭華のひきいる部隊は、その日の明け方に全員退却しました。」

主席が蕭華と会ったのは一九四五年一一月二九日だった。

中国の一軍区司令員たる蕭華が、金日成主席と会って指導をあおぎたいと切望したのは、主席を真の国際主義者だと固く信じていたからであった。

蕭華はそれまで主席に会ったことはなかったが、主席が長い抗日戦争のなかで知られた朝鮮のパルチザン将軍であることを知っていただけでなく、朝中人民間の同志的友誼を大切にする国際主義者の鑑《かがみ》だということを、自分の軍区で活動する黄玉清をとおしてたくさん聞いて、余りにもよく知っていた。

黄玉清は対日作戦が宣布されてから、周保中のひきいる抗日連軍部隊とともに東北地方に進出し、ソ連軍駐屯地域で治安任務について後、遼寧軍区に所属して活動するようになった。

黄玉清は、ソ連のシベリア訓練基地における国際連合軍時期にロシア語の通訳をしていたのだが、主席と同じ部隊で生活した。彼は対日作戦が切迫していた時期に主席と周保中が、東北地方を中国本土解放の強力な基地にきずく問題で真剣な討議を重ねていたのを目撃した。そのとき周保中は主席に、東北地方に進出して活動する抗日連軍の指揮力量を強化するために、朝鮮人民革命軍の優秀な指揮メンバーを送ってほしいと要請した。主席はそれを承諾し姜健同志をはじめ崔光、朴洛権など多くの核心分子を派遣する重大措置をとった。黄玉清は当時を振り返って、東北解放作戦はシベリア訓練基地からすでに勝利がはじまったと言っても過言ではないと言った。

黄玉清の回想によれば主席は、日本帝国主義の敗北は時間の問題だが、その後の東北情勢が心配である、だから周保中が夜も眠れない、自分としても力の限り助けるつもりだと言ったという。

中国革命に心を砕いていた金日成主席は、蕭華司令員の要請にただちに応じた。

主席は、銃砲声が間断なくとどろき、アメリカから供与された国民党軍の飛行機が、めくらめっぽうに爆弾を投下している丹東にためらうことなく直行した。倒れた壁や爆弾で開いた地面の穴を避けながら司令部に到着した時、一身の危険をかえりみず鴨緑江を渡って来てくれた主席に、指揮員たちは熱い謝意を表した。撤収準備で散らかっている司令部の事務室をすぎて蕭華司令員の部屋に入った主席は、あつまってきた軍事指揮員たちとあたたかい挨拶を交わした。

部屋のなかには二つの燭台がともされ、壁には室内の湿気が凍って白い霜紋がはりついていたが、主席を迎えるや軍事指揮員たちの顔に喜色がただよい、目には希望が輝いた。

主席はまず、軍事指揮員たちの健康と家族の安否をたずねた。

彼らは、家族がハルビンに後退する途中、国民党軍の襲撃をうけて、ただいま敦化地方に連行されているという事実を率直に述べた。

主席はさぞ心配であろうと言いつつも、心配するな、すぐに救出対策を立てようと、彼らを安心させた。

主席の言葉にみんなの顔が明るくなった。

作戦協議がはじまった。主席にたいして蕭華司令員は、軍区司令部と傘下各部隊のおかれている状況をありのままに説明した。

主席は中国東北地方について、関内〔中国本土〕からきた中国人よりよく知っていた。主席は地図の上に名前のついていない山間僻地から山や川にいたるまで、一つひとつ指し示しながら我が軍の配置状態と機動状態、敵軍の配置と機動について具体的に把握した。その後で主席は、東北地方にひろがりつつある重大な事態の本質とその推移、そして中国共産党と人民がかならず勝利できる要因について分析した後、目前に迫った危機を打開するための戦略戦術を理路整然と解き明かした。

東北地方につくりだされた現下の重大事態は、アメリカの帝国主義的「東方政策」がもたらした産物であり、蒋介石一味の反ソ反共政策と対米追従政策の延長にほかならない。東北解放戦争で国民党は必ず敗北し中国共産党は勝利できる。その要因は次のようである。

第一に、中国共産党がおこなう戦争は正義の戦争であり、蒋介石のおこなう戦争は不正義の戦争であるからである。正義は必ず勝利する。国民党は絶対多数の人民大衆の支持を受けられず、兵士らの士気を高めることも、長期戦に必要な人的、物的力量を補給しつづけることもできない。

第二に、国民党はすでに日本帝国主義との戦争で如実に暴露されたように、最も腐敗した病める軍隊である。蒋介石国民党軍は軍閥相互間の軋轢、将校と兵士の間の矛盾、軍隊と人民との矛盾のせいで、人数がいくら多くても烏合の衆にすぎない。

第三に、中国東北地方の人民はすでに日帝に抗して戦うなかで、蒋介石軍閥たちの売国売族行為をよく知っており、抗日武装闘争の影響をうけて目覚め、鍛えられたので、誰もふたたび国民党にだまされず、隷属しようとしない。

第四に、東北に入り込んできた国民党軍の運命は、一九四一年にソ連に侵攻して凍え死に、飢えて死に、恐怖にふるえたファッショドイツ軍の運命と同じようになるであろう。迫りくる東北の冬が、南方で冬の厳しさを知らずにすごしてきた国民党軍の滅亡をいっそう早めるであろう。

第五に、蒋介石一味は、共産党がもっと大きな勢力になる前に制圧しようと、戦争準備がととのわないまま冒険的に東北に入ってきたが、これは完全に誤算である。東北地方を完全に支配しようとすれば、少なくとも数百万の軍隊が必要だが、蒋介石はやっと一〇〇万の軍隊しか動員できなかった。日本は中国東北地方に百万の関東軍を維持したにもかかわらず、徒手空拳に近い東北の土地をついに掌握できぬまま滅びてしまった。蒋介石が百万の兵力でどうにかしようとしても、とても無理である。

第六に、中国東北地方はソ連、朝鮮と接しているので、共産党が困った時には必要な援助を受けられるが、蒋介石国民党軍は東北に入って四面を包囲された状態になっている。彼らにはしっかりした後方がないので、どのみち敗れるほかない。

ついで主席は、当面の危機を打開し、いずれ攻勢に転じることのできる戦略戦術的助言をあたえた。

金日成主席は次のように述べている。

「私はそのとき、平安北道を現地指導するため新義州にきたのですが、中国の同志たちの招きで丹東に渡り、東北解放作戦の相談に乗ったことがあります。」

当時、中国東北地方に入ってきた少なからぬ八路軍部隊は、まだ遊撃闘争方式から抜け出しておらず、軍事作戦と行動においていて一致性も保障できずにいた。

彼らは各地に分散して駐屯し自分の地域を死守するのに汲々として、国民党軍の大規模な軍事攻勢に対処する積極的な軍事活動を展開できずにいた。

丹東地方に駐屯する八路軍部隊の指揮員の間で、この地方を守り抜くべしという意見と、丹東地方を明け渡して一時、山間地帯に後退し機会をみて反攻撃するのがよいという意見があったが、いずれにせよ積極的な対策がなかった。

金日成主席はそのような事実を把握したうえで、次のように言った。

「実際、敵の猛攻撃にたいして占領地域の死守に執着するのは、相手の各個撃破戦術によって失敗を免れないし、敵の大攻勢を前にして無計画に退却するのも、結局は敗北を意味するものであった。

私はそのとき、丹東駐屯八路軍指揮官たちと会って、敵の大攻勢と各個撃破戦術にたいして地域死守にこだわるのは結局、自滅を意味するものだ、いまの状況では積極的な大旋回作戦と包囲戦で瀋陽、長春をはじめとする重要都市と鉄道沿線に集結している敵兵力を分散弱化させ、敵を一地域ずつ段階別に殲滅しなくてはならないと言いました。

我々の作戦案を聞いた丹東駐屯八路軍司令部のメンバーたちは非常に感嘆して、『縮地法』を用いて日本帝国主義をやっつけたパルチザン将軍はやはり違うな、と言いました。」

主席が出した戦略戦術的方案の具体的内容は、およそ次のようであった。

第一に、無謀な正面衝突を避けて諸都市を明け渡し、敵の力量を最大限に分散させ、農村に強力な根拠地をきずかねばならない。

第二に、軍隊内と人民たちの間で政治教育活動を活発に展開し、勝利の信念を失わず、階級の敵どもにたいして最後まで闘うようにしなくてはならない。

第三に、白頭山を中心にきずかれた解放地区を最後まで守り抜きつつ、敵の背後で大部隊機動戦と遊撃戦を広範に展開し、絶え間ない掃討戦で敵の力量を極度に弱化させねばならない。

主席は、戦局がどうしても困難になったら白頭山に入れ、白頭山は君たちのたのもしい後方となるであろうと強調した。

第四に、解放地区で、土地改革をはじめ諸般の民主改革を実施し、軍民関係を正しく維持することにより、人民たちが自発的に、国民党軍には食糧と物資をあたえず八路軍には誠心誠意援護するようにさせねばならない。

集まりに参加した軍区司令部の指揮員たちは、主席の話を聞き終えると、まるで申し合わせたかのように一斉に拍手をし歓声を爆発させた。

主席はこのように蕭華部隊だけでなく、敵の攻勢にどう対処してよいか分からなかった当時の東北地方のすべての共産党軍が、守勢から救われる道を示したのであった。

その日の忘れがたい集まりに参加した中国の黄玉清は、回想実記「高潔な革命的義理を回顧して」で次のように書いている。

「いま思い出しても、主席同志の言葉を息を殺して聞き入っていたわが指揮員たちが、『あゝ、これで中国革命は救われた』と叫んだ光景がはっきり浮かんでくる。

我が軍の活路をひらき、焦燥と不安につつまれていた司令部の気流を希望と信念に一変させた主席の知略に接した我々の心中に渦巻いたのは、茫漠たる大洋で針路を見失いさまよっていた船乗りが、灯台を発見したときの心情そのものであった。」

その夜、主席は蕭華司令員の家にも立ち寄って単独で話し合い、妻子を我が国の義州地方に疎開するよう必要な対策まで立ててから、明け方四時を過ぎてやっと丹東を発った。

蕭華部隊の救援と中国革命支援のために、主席はその夜一睡もしなかったのだった。

鼓舞された八路軍兵士たちはその後、敵を分散弱化させつつ駐屯地域から一旦撤収して山間地帯に入り、大々的な反攻撃に移るための万端の政治軍事的準備をととのえはじめた。

丹東を中心に鴨緑江沿岸一帯に駐屯していた諸部隊も撤収し、敵を逆包囲するため鴨緑江を渡って朝鮮領内の新義州、義州、黄草坪、龍岩浦、清水、水豊などに入ってきて満浦に移動し、そこからふたたび鴨緑江を渡って中国東北地方に入り寛甸、集安地方に依拠して敵を叩きはじめた。

その時、主席は我が国の列車と自動車、船を総動員して八路軍部隊の機動を保障し武器弾薬、食糧と医薬品など大量の軍需物資も供給するようにした。

蒋介石国民党の反動軍閥が一時、鴨緑江沿岸地域を占領したとき、主席は国境警備を強化して彼らの国境侵犯をけっして許さないようにした。

八路軍は金日成主席の教えたとおり秘かに包囲陣を形成したあと攻撃を加え、敵に一時明け渡した丹東市をふたたび解放した。そして、さらに戦果を拡大し丹東と瀋陽を結ぶ地域に第二戦線を形成して敵の退路を断ったあと、東北の各地方に深く入り込んでいた蒋介石国民党軍を殲滅する大掃討戦をくりひろげた。

金日成主席が提示した東北解放の天才的な戦略戦術は、長期にわたる抗日戦争のなかで創造し鍛えあげたものの再現であった。

主席が一九四五年一一月二九日に丹東で行った演説は、東北民主連軍と朝鮮人部隊にひろく伝達された。朝鮮人部隊内では主席の教えを学習討論し、それを実践するための会議も開かれた。

主席は蕭華司令員に約束したとおり、東北地方に派遣した朝鮮人民革命軍幹部・朴洛権指揮下の朝鮮人部隊に、国民党軍につかまって敦化方面に連行されつつあった蕭華司令部指揮員たちの家族救出を命令した。

朴洛権は命令をうけるや直ちに一個中隊をひきいて敦化方面におもむき、列車を奪還して家族全員を救い出した。家族たちはうれし涙を流して「金日成将軍万歳！」をとなえた。

主席は、死地から救出した家族たち全員を朝鮮北部の安全地帯に疎開させ、金一同志を派遣して慰問し生活上の諸問題をすべて解決させた。

主席は一一月のその夜、蕭華司令員が傷病者や一部の軍属たちを朝鮮の領内に入らせてほしいと要請したとおり新義州、義州、清水、中江などに来る道をあけてやり、中国共産党の軍隊と人民が朝鮮北部地帯の安全な場所で治療をうけ、十分な休息をしてから再び戦場に出撃できるよう世話をした。

世界の革命闘争史には、他国の革命を支援した例が少なくない。しかし、外国の一軍区司令員が前線にきてほしいと要請するほど、熱い国際的信頼をうけた指導者はいない。外国の一軍区司令員のぶしつけな要請にこたえて、弾丸の降りそそぐその国の前線に行って徹夜で戦略戦術的方途の相談にのり、その部隊の家族を危機から救い出し、彼らのために自国の国境を大きく開け放ってあげた領導者はそれまでにいなかった。

蕭華司令員はそのことをいつまでも忘れず、機会あるごとに当時を感銘深くふりかえった(30)。

蕭華は我が国に親善参観団長としてきたときも、当時を回想して「金日成同志は、朝鮮は中国革命の頼もしい後方だ、中国革命を誠心誠意助けると言ってくれたのに大きく力づけられて戦い、そして勝った。」と述べた。

金日成主席は朝鮮人民の領導者であるとともに、中国革命家たちが生死を分ける戦場で固く信じ、頼り、従った、最も誠実なすぐれた同志であった。

蕭華はその後、部隊をひきいて新たな戦場におもむき、力量を補充して東北解放戦争の勝利に大きく寄与した。

中国人同志・周保中と会う

一九四六年三月二八日、、豆満江を挟んで中国の都市・図們に向きあう、南陽という朝鮮の北端の街に金日成主席が現れた。

平壌から南陽までは遠い。我が国で歴史的な土地改革が実施され、国じゅうが歌声も高く農作業にいそしんでいたその時期、自らも国事に多忙をきわめているはずの主席がどうしてそこに行ったのだろうか。隣りの中国革命を助けるためであった。

河ひとつへだてた南陽と同じく、中国東北地方にも春の日差しは日ごとに暖かくなっていたが、自然の春とは正反対に、情勢は日ごと厳冬のような厳しさを増していた。

蔣介石が、東北を制圧する野心を抱いて送り込んだ国民党の大軍が吉林、蛟河をへて敦化や延辺地区に洪水のようにおしよせ、中国共産党軍の解放地域までおびやかした。

アメリカ製の武器で武装し、アメリカの支援のもとに空と陸と海から続々とおしよせた国民党軍は、共産党と人民政権、人民武装隊を一気にたたきつぶす勢いで襲ってきた。力量対比においては比べものにならず、装備水準にいたっては話にもならなかった。

おまけに、敵の進攻を撃退しうる防御陣地も十分にきずかれていなかった。国民党軍がそんなに早く、それほど多く東北におしよせようとは誰も予想していなかったのだ。

蔣介石は、共産党軍の戦争準備がまだととのっていないという弱点を見抜いて、このチャンスを逃すなとばかりに急遽大軍を投入したのであった。[31]

(30) 東北解放戦争のとき遼寧軍区司令員であった蕭華は一九七九年九月一〇日から一〇月二七日まで中国人民解放軍親善参観団長として我が国を訪問した。当時蕭華は中国共産党中央委員会委員、中国共産党中央軍事委員会委員、中国人民解放軍蘭州部隊政治委員だった。一九七九年九月二四日、金日成主席の接見をうけ、我が国の自由独立勲章第一級を授与された。

(31) 一九四六年一月初、東北人民自治軍を東北民主連軍と改称し、その傘下に東満、西満、南満、北満の四個軍区を組織したが、周保中は東満軍区司令員であった。東満軍区には山東第二師第二五連隊、第七中隊と吉敦、通化、遼北の三個分区があった。

周保中は当時、中国東北民主連軍副総司令員、吉遼軍区司令員であったが、東北民主連軍が直面したこのような危急の事態に焦慮せざるをえなかった。

このとき周保中の胸中に、金日成同志の意見を聞かねば難局は打開できないという考えが強烈に浮かんだ。おりしも金日成主席は、姜健同志と朴洛権の活動状況を把握し、彼らに直接会って、急変する東北情勢への対処法を授けようと考えて、彼らを南陽に呼び出したのであった。周保中は急遽、姜健同志や朴洛権と同行することを決心した。

新朝鮮建設のため昼夜を分かたぬ強行軍をつづけながらも、主席は中国東北の運命について忘れたことがなかった。

主席を乗せた列車は朝に南陽駅に到着した。姜健同志、朴洛権、周保中が迎えに出ていた。

主席は懐かしそうに周保中の手を握って、その間、苦労が多かったでしょうと慰めた。周保中は胸が熱くなってしばらく言葉がでなかった。

前年の一九四五年八月に、ソ連のハバロフスク北野営で分かれて以来、ようやく半年が少し過ぎたばかりというのに、長い間会えなかったように思える主席であった。抗日戦争の日々、肩を組んでともに戦った戦友である周保中が、半年あまりの間にずいぶん老けこんだ様子から、現在東北革命がなめている陣痛を、主席は瞬時に感じ取った。

主席はまず姜健同志と朴洛権から具体的な実態について報告をうけた。ついで周保中が、中国革命の危機を打開する出路を開き、戦局を逆転する方略を示してほしいという期待をこめて、東北の軍事政治情勢と難関についてくわしく説明した。

彼らの報告を聞き終えてから深い思索にふけった主席は、敵の侵攻から延辺地区と東北の解放諸地域を防衛し、共産党が守勢から攻勢に転じることのできる戦略戦術的方途を示した。

まず、ハルバ嶺（哈爾巴嶺）を中心とする老爺嶺山脈と松花江界線に強固な防御陣地をきずき、それに拠って敵の侵攻を決定的に挫折させることにより、すでに革命の砦としてきずかれた解放地域を防衛せねばならないと教えた。

主席は抗日大戦の時期に数かぎりなく踏破して脳裏に刻みつけておいた東北の山や河、谷や森を列挙しつつ、ハルバ嶺を中心とする老爺嶺山脈と松花江以北の地域、そしてその西南部の地理に適した防御陣地を、どこにどのように築き、敵が襲ってきたらどこからどのように掃滅すべきか、我が軍はどこに突破口をひらくべきかに至るまですべて明らかにした。

主席はさらに、北満と南満の朝鮮人部隊を総動員して兵力の集中と分散、堅固な陣地に拠る頑強な防御戦と敵後方打撃戦の組み合わせなど、彼我の力関係と不断に変化する状況に合うよう、多様な戦法を駆使して連続打撃せよと述べた。

そして、国民党軍の攻撃を阻止破綻させ、当面しては四平界線で包囲されている中国人部隊（共産党）を救援するために、長春解放戦闘をしなくてはならないという戦術的対策まで示した。

四平界線で包囲された中国人部隊は当時東北地方でもっとも大きい部隊の一つで、この部隊が包囲から抜け出せないなら、いずれ東北解放戦争で大きな打撃となるやも知れなかった。その包囲を突破するには、当時長春を占領していた悪質部隊を叩き潰さなければならないと教えたのである。

主席は周保中に、毛沢東同志の特使として陳雲がやってきて武器がほしいと言ってきたのだが、もうすぐ送るから心配するな、今後とも私自身と朝鮮人民は中国東北革命に最大の支援をするつもりだと強調した。

東北地方の地理的特性と彼我の力関係、今後ありうる状況にいたるまで具体的に予見したうえで与えてくれる主席の教えは、姜健同志と朴洛権同志らに大きな力と勝利の信念を抱かせてくれた。主席の言葉は周保中にとって、前途を照らす灯台となった。

主席はさらに、中国東北地方に組織された朝鮮人諸部隊と我が国との通信連絡をいっそう迅速にする対策を立て、抗日革命闘士・朴永淳(32)にその任務をまかせた。

我が国と直線で通信を連結したのは、中国人民の東北解放戦争をさらに迅速に、さらに頼もしく支援するための措置だった。

周保中は、抗日戦争のときと変わりなく、東北解放戦争においても私心のない支援をしてくれる金日成同志にたいし、自身と中国人民の名において感謝をのべた。

主席は南陽ホテルで周保中と昼食をともにした後、信念と希望に満ちあふれた彼を見送った。

周保中は、新朝鮮建設の重荷を一身にになった金日成同志が、千里の道も遠からじと国の辺境にまで身を運び、東北解放戦争の勝利を約束する貴重な方途を教えてくれたことに深く感銘した。

強力な防御陣地を構築

金日成主席の示した方針に従ってハルバ嶺と老爺嶺山脈、松花江以北地域とその西南地域で防御工事が力づよくくりひろげられた。

池炳学と宋武旋が属していた部隊と李紅光支隊はハルバ嶺と樺樹林子、輝南県城をはじめとする広い界線で防御陣地をきずくために奮闘した。

一九四六年の冬は例年になく大雪が降った。山の雪は戦士らの股《もも》まで積もった。李紅光支隊の戦闘員たちは激しい吹雪のなかで老爺嶺山脈にそって塹壕を掘り、坑道に住居をつくった。その塹壕の長さは二〇余里（八〇余キロ）におよんだ。指揮員と戦士たちは戦闘と防御工事に必要なすべての物資を自力更生で解決した。

戦士たちは履物が足りないので、わらじを編んで履いた。下着がなくて素肌に服を着た者もいた。だが彼らはあらゆる困難をおかして楡樹岔、大頭子、大醤院、石頭河子など多くの地域で、国民党軍と保安隊を絶えず襲撃しては多くの敵兵を倒しつつ老爺嶺陣地をきずき、しっかり守った。

李紅光支隊はその後、一九四七年三月には輝南県城解放戦闘に参加し、朝陽鎮、海龍一帯でも攻勢をかけ、つづいて工業都市・遼源市を解放し、一九四七年九月中旬から一一月初までは公主嶺、四平、開原などを解放する大攻撃戦に参加した。

一九四六年一一月中旬、敦化県保安隊も新開嶺を守りつつ強固な防御陣地を構築する任務をあたえられた。人家のまったく無い新開嶺の険しい山奥に雪が降りつもるなか、戦士たちは木を切り出して丸太小屋をつくって防御工事をすすめた。冬服の供給が遅れて、ぼろぼろになった綿入れの上下を着、草鞋に布を巻いてコウリャンの飯か、トウモロコシ粉でつくった餅を塩漬けの大根とともに食べながらもみんな士気旺盛で、凍土を掘り塹壕や火点をもうけた。彼らの胸にはただひとつ、国民党軍を東満の地に一センチたりとも踏みこませないという覚悟があるだけだった。

三ヵ月間、戦士たちは寒さや飢えとたたかいながら歯をくいしばって働き、ついに期限内に工事を完成させ上部から表彰された。その後、防御から攻勢に転じ、一九四七年一〇月二五日には吉林市郊外の四〇二高

(32) 朴永淳　一九〇五年一〇月一九日生まれ。解放前、中国和龍県で朝鮮人民革命軍に入隊し抗日武装闘争に参加。解放後、朝鮮人民軍と党中央委員会で活動。朝鮮革命博物館長として勤務していた一九八七年八月一八日死去。抗日革命烈士

地を奪取したし鉄佳山戦闘、前五家子戦闘、楊家橋戦闘などで攻撃戦をくりひろげて連戦連勝した。

汪清保安連隊内の朝鮮人中隊も一九四六年八月から一〇月までハルバ嶺から延辺に出動する国民党軍を阻むため、他の中隊とともに防御工事をすすめた。中隊指揮部では「ここも戦場！」というスローガンをかかげて塹壕、交通壕、掩蔽壕など全長一〇余キロを掘り、要所に火点をきずいた。中隊は一日三交代で昼夜兼行し、期限内に防御工事を完成した。この工事で「尾のない牛」とあだ名された具子春、「馬力」とあだ名された鄭道華、「熊」とあだ名された張昌禄が吉東分区司令部から英雄称号をうけ、一〇余名が大きな手柄をたてた。

池炳学が連隊長をしていた部隊には李順任という一六歳の少女兵士がいた。彼女もハルバ嶺地域の防御工事に動員された。少女兵士は男よりも多くの土を運んだうえに炊事作業をし、敵が現れると戦闘にも参加して手柄をたて、防御工事が終わってから英雄称号を授与された。

主席が教えたとおりに堅固な防御工事をし、頑強な防御戦で敵を退け、守勢から攻勢へと戦局を逆転させた。機を見て百数十回におよぶ攻撃戦を展開するうちに吉林、敦化、樺甸界線の国民党軍は混乱状態におちいり、多くの兵力を失った敵は動くに動けなくなった。

形勢は逆転し新たな局面がひらかれた。

一九四六年一二月中旬から一九四七年四月初までつづいた臨江防衛作戦は、南満解放地区への度重なる攻撃を阻止した、防御戦と積極的な反打撃戦の代表的な例である。

この作戦を世上では「三下江南、四保臨江」とも呼ぶ。つまり、我が軍部隊が三度松花江をわたって敵を討ち、臨江街にたいする敵の攻撃を四度も阻止したという意味である。

金日成主席の示した方針は、東北解放戦争に逆転の契機をあたえた。

第一次長春解放戦闘――包囲から中共軍救出

東北解放戦争の初期、情勢は中国共産党にとって極めて不利だった。とりわけ長春地区がきびしかった。日本帝国主義の敗北直後、東北の大都市は中国共産党軍が掌握したのだが、ソ連軍は「中ソ友好同盟条約」にしたがって東北地方の諸都市を国民党軍に明け渡さねばならなかった。一九四六年一月、長春も蒋介石に明け渡された。中国共産党軍は長春から出てゆき、蒋介石が空輸した国民党軍が長春に入った。

国民党軍は瀋陽―長春間の鉄道を利用して鉄嶺、四平界線に洪水のように押し寄せた。これを阻もうと中国共産党軍は四平界線で必死にがんばったが、八千余名の死傷者をだして敵の包囲におちいった。

蒋介石は包囲された共産党軍を全滅させて、東北地方における彼らの作戦を「輝かしく終結」しようともくろんだ。蒋介石は兵力と武器を増強しつつ包囲の輪をじわじわと縮めていった。

共産党軍は狭い包囲網のなかで、軍需物資の補給もしてもらえず弾薬と食糧が底をつき、日ごとに一層不利な状況になっていった。おまけに、狭い包囲網のなかで衛生環境もととのっていなかったので病人が増え、毎日のように死者がでた。このような事態がつづくなら、共産党軍は破滅を免れることができなかったであろう。まさにこのような事態を収拾するため、金日成主席は一九四六年三月二八日、南陽で姜健同志、朴洛権と会ったとき、長春解放戦闘を組織して、どんなことがあっても窮地に陥っている中国共産党軍の退路を開いてやれと教えた。

長春解放戦闘には、吉東分区司令部傘下の朴洛権がひきいる第一連隊と砲連隊をはじめとする二万余名の朝鮮人師団が東北民主連軍部隊とともに参加した。

戦闘は一九四六年四月一四日に始まった。

四月一四日にはまず、長春市郊外に展開している敵を殲滅した。翌日朝六時ごろから長春市内にたいする総攻撃が開始された。朴洛権の指揮する第一連隊は、法政大学と工業大学に駐屯している敵を掃滅する任務をうけて、熾烈な射撃戦をくりひろげた。爆薬が足りないので敵の堡塁の壁に軍用シャベルで穴を開け、そこから手榴弾の束を投げ込んだ。その爆発がすごかった。戦士たちは手榴弾の束で大きく開けられた穴から工業大学の階段をのぼった。彼らは破損した木造扉をあつめて燃やし、上階にいた敵がまともに目を開けられないで慌てているところへ突撃して掃滅した。

朝鮮人部隊は法政大学と工業大学を占領した後、大陸科学院を占領せよとの命令をうけた。大陸科学院は当時、アジアで指折りの科学研究機関だった。花崗岩で建てられたその庁舎を、敵は長春を固守するもっとも重要な南端の防衛拠点としていた。そこには一個中隊が駐屯し、正門と屋根には土のうを積んで防御陣地をつくり、窓ごとに各種の火力を配置してあった。そして庁舎の前には鉄条網を張り逆茂木を配してあった。

午後二時、攻撃が開始されたが、高い位置から激しく撃ってくる敵の火力を圧倒することができなかった。機関銃の援護をうけて爆破班が何度も匍匐前進したが、敵の火力があまりにも猛烈なので犠牲者ばかり出てどうしようもなかった。

何門かの砲が朴洛権のところへまわされてきたので、砲撃命令を出した。屋根と庁舎前の障害物は破壊された。我が軍の機関銃も激しく火を吹いた。一発の砲弾が大きな爆発音とともに大陸科学院に火をつけた。強力な火力のまえに敵の火点は一つずつ沈黙し我が軍の士気はあがった。このとき、朴洛権は突撃命令をだした。戦士たちは手榴弾で庁舎前の火点を破壊して突進した。

庁舎の火事が激しくなったので敵軍は下の階に集まった。そこで白兵戦が展開されると敵兵はちりぢりに逃げはじめた。

銃を捨てれば殺さないという朴洛権の号令と、投降せよという隊員たちの叫び声に、士気阻喪した敵兵たちは両手を上げた。大陸科学院は占領された。

この戦闘で一個分隊が、攻撃しているうちに敵陣深く入りこんでしまった。状況を判断した隊員たちはすぐさま敵の死体から国民党の軍服をはいで着替え、本隊にもどる途中、敵のトラックまでろ獲した。そのトラックには一個小隊以上の敵兵が捕虜として乗せられていた。

一連隊は戦果を拡大しつつ協和会中央訓練所と満州鉱山住宅地へと突進した。第一連隊は、敵が主力と誇る「鉄石部隊」と対峙した。この部隊はおもに日本軍敗残兵からなる悪質部隊であった。

敵は三階建ての訓練所と私宅に軽機関銃一〇余丁、迫撃砲三門、重機関銃五丁、擲弾筒一〇余丁をそなえつけ一連隊の進撃路を封鎖しようと必死にあがいた。

朴洛権連隊長の突撃命令一下、戦士たちは猛虎のように飛び出した。敵の弾雨に味方はつぎつぎと倒れた。胸に敵弾をうけた戦士は「おれに構わず前進しろ」と同志たちを励ました。血戦は夜までつづいた。四月一六日の戦闘はますます苛烈になった。

協和会中央訓練所と満州鉱山住宅地に通じるどの小路にも、敵の死体が散乱していた。我が軍も損失が少なくなかったが、戦士らの士気は高まるばかりだった。

満州鉱山住宅地を攻撃していた戦士たちは、やがて狭い路地に至ったが、この路地を通り抜けねば敵陣に入れなかった。全員が死を決して弾雨のなかに死闘をくりひろげ、ついに路地を抜けて協和会中央訓練所と満州鉱山住宅地周辺にまで入りこみ、突撃時間を待つことになった。部隊は敵に悟られぬようひそかに行動した。

やがて赤い信号弾が上がり、「鉄石部隊」を一掃する夜間奇襲攻撃が開始された。敵は、訳が分からないまま我が軍の猛射撃を浴びた。

夜九時、難攻不落を誇っていた協和会中央訓練所の建物と満州鉱山住宅地は、ついに朴洛権連隊によって完全に占領され、「鉄石部隊」も全滅した。

朴洛権連隊と東北民主連軍部隊の三日間にわたる猛攻撃で、市内の三分の一が占領されると、あわてた敵は談判を申し入れてきた。彼らはこの談判で時間をかせぎ、防御施設を完備して我が軍の進撃をなんとか阻もうと企んだのであった。

朴洛権連隊長は談判を拒否し無条件降伏を要求した。敵がその要求を拒むや、戦闘は再開された。

朴洛権連隊は、敵の増援部隊を牽制していた崔光同志指揮下の部隊の援護のもとに連続的に都市中心部へと戦果を拡大して、敵の総指揮部がおかれていた中央銀行庁舎をはじめとする主要機関を占拠し、長春戦闘勝利の突破口をひらいた。

ところがこの戦闘で、すぐれた軍事指揮者だった朴洛権連隊長が敵の迫撃砲弾の破片を浴びて壮烈な戦死をとげた。その日は一九四六年四月一八日であった。

この日、彼は公園住宅街攻撃戦闘を直接指揮した。敵の集中火力で部隊の前進が阻まれるたびに、いつものように自ら迫撃砲を撃って敵の火点をたたきつぶした。それに鼓舞された戦士たちは、突撃の喚声も高く敵陣に突っ込んでいった。

朴洛権連隊長は、敵陣に近づく戦士たちを援護している途中に被弾したのであった。彼の額と胸から鮮血がどっと流れでた。

前線救急所で意識をとりもどした連隊長は戦況を訊いた。我が方の攻勢が継続しているのを知って安心し、言葉をしぼり出した。「同志たち、私はもう……しかし革命に捧げた命だから……うれしい。金日成将軍の健康長寿を……」

彼は胸のなかに手を入れた。戦友たちが彼を助けてふところからハンカチに包んだものを引き出してあげた。戦友たちがそれを広げてみると彼がこれまでに授与されたメダルと勲章であった。朴洛権は「革命が勝利したらこのメダルと勲章を……私の母に……」と言ってしずかに目を閉じた。

彼は自分の母に、息子が革命にすべてを捧げたことを必ず伝えてほしいとの遺言をのこした。朴洛権連隊長は青春の血たぎる二九歳の一期を、朝鮮革命と中国革命に捧げた。

彼の戦死を吉東分区司令部で一番先に知ったのは、無電手の朴京淑(33)であった。彼女は長春と交信をつづけているうちに、思いもかけず朴洛権連隊長が犠牲になったという電文を受信したのだった。

ともに日本帝国主義とたたかってきた戦友、何ヵ月か前、彼が龍井で結婚し前途を祝福されたことなどが、まぶたに浮かんだ。

この事実を、朴洛権連隊長の妻にどう伝えればよいのか……。彼女は涙があふれて、すぐには上部へ報告することができなかった。

わずか半月前、姜健同志、周保中同志とともに南陽に行き、主席に会って帰ってきたとき、これでやっと難問が解けた、うちの司令官同志が、包囲された中国人部隊を救出するため長春戦闘をやれと教えてくれた、ちょっと長春に行くから、帰ってきたらまた会おうと言っていた朴洛権連隊長が、このように逝くとは……

朴京淑は無電台の前でどうしてよいか分からず、しばらく呆然としていたが、ようやく気をとりなおして

(33)　朴京淑　一九二一年九月二七日生まれ。解放前、朝鮮人民革命軍に入隊して抗日武装闘争に参加。解放後、中国延吉県で姜健（夫）の指導のもとに吉東分区司令部で無電手として東北解放戦争に参加。その後、朝鮮労働党中央委員会の重要な地位で活動。現在年金生活。

服装を正し、姜健同志にまず事実を伝えに行った。

朴京淑は込みあがる嗚咽をこらえて、夫である姜健同志の前に行ったが、「朴洛権同志が……」とまで言って、ついに泣き声をあげた。

姜健同志は、すべてを察して凍りついたように立っていたが、「ああ、この事実をうちの司令官同志にどう報告したものか。日本帝国主義との闘争でありとあらゆる苦労をしながらも生きのびてきた朴洛権が、祖国に行くこともできずに、この土地で死ぬとは……」と言い、窓辺に近づいて遠い空をながめながら悲憤にふるえた。

朴洛権連隊長は一四歳だった一九三二年に汪清県の石峴で地下工作をし、一九三三年には小汪清地区で共産青年同盟の書記〔責任者〕として活動し、その後、琿春県大荒溝根拠地では突撃隊長として活動した。朴洛権はつねに党と革命に忠実であった。いかなる環境の中でも無比の勇敢さと不屈の闘志で敵と闘った。

一九三三年夏、琿春戦闘のとき彼は腹部に負傷したが、手ではらわたを押し込みながら戦闘をつづけ、そのまま歩いて密営〔密林の奥に設けられた秘密兵営〕に帰ってきたこともあった。抗日戦争の時期に周保中の副官だったが、負傷した周保中を背負って幾重もの包囲網を突破し、ついに部隊にもどってきたこともあった。

彼は祖国解放の後、金日成主席の指示で中国東北地方に派遣され、吉東分区司令部第一連隊の連隊長として数々の手柄をたてた。

ふっくらした顔にがっちりした体格、中国語も達者で、戦さでは猛虎のようであった。結婚して何ヵ月にもならないのに、彼はずっと戦場にいた。

一九四六年一月二五日から朴洛権連隊長は土匪粛清に参加して三道湾戦闘から大荒溝、廟嶺、天橋嶺、駱駝山、阿弥陀嶺などの戦闘に参加し馬義鳳、李武清、柳団長の土匪部隊を殲滅した。土匪たちは「朝鮮族連隊」と聞いただけでふるえあがった。

朝中連合部隊の勇敢な戦いで、総攻撃五日目に、蔣介石の息子・蔣経国が衛戍司令官としてがんばっていた長春市は完全に解放された。

我が軍は二千五〇〇余名の敵を殺傷し、一万四千余名を捕虜にした。（「中国朝鮮民族の足跡叢書」5、「勝利」〈朝鮮語〉、民族出版社、一九九二年、二七七頁）

長春解放によって四平界線で包囲された中国共産党軍の退路が確保され、東北解放戦争勝利の展望がひらけた。

その戦闘で朴洛権連隊長が戦死したとの悲報に接した金日成主席は、あれほど愛した戦士を失った悲しみに胸を痛めながら、部隊の先頭に立って突進し迫撃砲弾の破片を浴びて戦死したのは彼らしい最期だ、彼は朝中人民がともに記憶する英雄として歴史にのこるだろうと熱く語った。

中国共産党は朴洛権同志を追慕して延吉に石碑を建て、東北解放偉業に一身を捧げたその偉勲を後世に永く伝えるようにした。

守勢から攻勢に転じた輝南県城戦闘

一九四六年一〇月一九日、東北国民党軍は「南攻北守、先南後北」戦略を立てた。まず共産党の南満根拠地に兵力を集中して攻撃を開始し、一挙に南満部隊を掃滅した後、全兵力を北への攻撃に振り向けて東北地方全体を占領しようという企てであった。

この戦略を実現するため国民党軍は九個師団、約一〇万名の兵力を集中して三方面から南満解放区を大々的に攻撃した。(「東北解放戦争大事記」〈中国語〉、中国党史資料出版社、一九八七年、八六頁)

金日成主席はこのときも朝鮮人部隊に、白頭山地区と老爺嶺山脈の大山林地帯に依拠して遊撃戦と山岳戦、冬季大部隊機動作戦をくりひろげ、敵に息つく暇をあたえず守勢に追いこみ、松花江以南に進出して敵の集団を打撃掃滅し、南満一帯に集中している敵兵力を分散弱化させねばならないと教えた。

長白、臨江、撫松一帯は高くて険しい山なみと千古の密林に覆われている。しかも冬には気温が零下三〇℃~四〇℃にまで下がり、積雪が人の背丈をこえる。中国南部地方で冬を知らずに過ごしてきた蒋介石国民党軍は寒さに耐えられず、山岳戦の経験もないのでどうしようもない。

主席はこのような敵の弱点をあらかじめ計算して、冬季大部隊機動作戦の展開を指示したのであった。

金日成主席の授けた作戦にしたがって、李紅光支隊が東北民主連軍とともにおこなった代表的な戦闘のひとつが輝南県城戦闘であった。

南満の輝南県城は、蒋介石が軍事戦略上ひじょうに重視したところであった。国民党東北集団軍司令部がおかれた瀋陽を防衛する東方の堡塁は梅河口であった。梅河口の北方は吉林、長春に通じ、西北方は四平に通じ、西方は直接瀋陽と結ばれ、南方は通化に通じている軍事要衝地であった。輝南県城はその梅河口を守る前哨陣地であった。

梅河口を守り抜こうとすれば、輝南県城を堅守せねばならない。国民党軍は輝南県城に一個連隊と、敗残土匪を寄せ集めた一個保安大隊を駐屯させていた。

一九四七年二月末に南満の李紅光支隊は、中国人同志たちとともに輝南県城周辺の村に駐屯していた国民党軍のいくつかの小部隊を殲滅して輝南県城を包囲し、朝陽鎮に通じる道路も封鎖した。輝南県城の敵は袋のネズミとなった。

敵は一個大隊の国民党軍と保安大隊のうちの一個中隊を城外に送り出して、断ち切られた通路の回復をこころみた。我が軍はこれにたいし第二連隊第二中隊が黄泥河岸に臨時防御施設をもうけて、城外に出てくる敵を叩いた。戦闘は苛烈をきわめた。敵は彼らの武器を自慢するかのように、あらゆる火力を集中して三度も我が軍陣地に突撃してきたが、そのつど撃退された。

第三連隊の一個中隊は、頑強に抵抗する敵を一撃で掃滅する任務をうけて、反突撃の主力として先頭に立った。敵の機関銃三丁が我が軍の進撃を阻んだので、戦友たちが血を流してたおれた。敵陣奪取の任務をうけて突撃した中隊は、約束時間の二〇分前になってもまだ任務を遂行できていなかった。

このとき大隊長は敵の重機関銃を叩き潰すよう趙星斗に命令した。彼は地雷三個を身につけて重機関銃の据えられた高地めざして矢のように駆けだした。敵の機関銃火が彼に集中した。

趙星斗は、戦友たちの援護射撃をうけながら、なおも前進しつづけた。匍匐前進《ほふくぜんしん》してはさっと起き上がって潅木林の中を走っていた彼は、機関銃射撃で地上に落ちていた枝に足をとられてころんだ。そのひょうしに、汗まみれの彼の毛皮帽が雪上に落ちた。瞬間彼の脳裏に、その毛皮帽を枝にかけて前進しようという考えがひらめいた。はたして敵どもは、彼の毛皮帽めがけて機関銃火を集中した。敵は毛皮帽を見て、そこに人が伏せっていると錯覚したようだった。

その瞬間をのがさず彼はすばやく敵の射撃圏から脱し、地雷三個で敵の機関銃座を全部破壊した。

我が軍の戦士たちは喚声をあげながら突撃した。敵は肝をつぶして輝南県城の中へ逃げこんだ。

趙星斗は逃げる敵の背に銃火をあびせた。反攻撃戦は命令された時刻に勝利した。

このように輝南県城にたいする包囲網がせばまると、その中にいる敵どもは県城を守る最後の砦である城内の南山高地を強化した。敵はこの高地を難攻不落と豪語した。

我が軍は南山高地占領の具体的作戦案を立てて火力配置、突破口、総攻撃時間などを決め、偵察を強化した。

一九四七年三月二日は中国の陰暦正月一五日であった。戦士たちはこの日を祝う夕べのご馳走を食べてから、南山高地を占領する戦闘にでかけた。戦士たちは綿服を裏がえして白く見えるようにし、帽子にも白い布を巻いて牡丹雪の降りしきるなかを行軍した。

夜一〇時に目的地に到着した。戦士たちはふかく積もった雪の下を掘って匍匐前進し、四時間後に敵の最初の防御施設から一〇〇メートル余り離れた地点にいたった。そこで我が軍は、敵がふかい眠りに落ちるまで何時間かさらに待たねばならなかった。そのあいだ、どんな気配も出してはならず、これまた戦闘におとらずきびしかった。

敵の防御施設は、我が軍の偵察によって知りえたところでは極めて堅固であった。中心堡塁である一号火点が南山のもっとも高い高地の上に大きくきずかれ、その周囲にT字形に二、三、四号火点がきずかれてあった。ここから東南、西南、南のどの方向にも思いのままに撃つことができた。火点に配置された銃口からみて、東側の大通りと南側の山の稜線に火力をもっとも多く集中できるようにしてあった。

明け方五時、我が軍の進軍ラッパが鳴った。つづいて我が軍の銃砲声が鳴りひびいた。やっと目覚めた敵は、あわてて対応射撃をはじめた。我が軍の重機関銃一丁は敵の火点四つを、軽機関銃は敵の火点二つを、小銃は三丁で火点を一つずつ、責任をもって集中射撃し味方の前進を援護した。戦士たちは怒れる獅子のように火点にむかって突進した。

午後一時頃、あちこちに散在していた敵の火点は沈黙したが、中心堡塁の複数の重機関銃はいぜんとして火を吹いていた。雪は我が戦士たちの血で紅く染まった。

松の木を組み立てセメントで固めた敵の一号堡塁のまわりには幅三・五メートル、深さ一・五メートルの壕を掘り、人が這い上がれないよう壕の壁に水をかけて凍らせてあった。そして斜面には鉄条網を蜘蛛の巣のように幾重にも張り、鉄条網の内側にはとがった逆茂木の先が下に向けて配されてあった。一号堡塁は文字どおり濠と有刺鉄線、逆茂木にかこまれた城にほかならなかった。進撃路をひらくために幾組かの爆破班が突撃していったが、やっと鉄条網と逆茂木を吹き飛ばしただけで、濠を渡ることはできずに犠牲となった。

様子を見守っていた第三連隊趙星斗分隊長は、堡塁の破壊を志願した。

午後五時、我が軍前線司令部から総攻撃の信号があがった。

趙星斗をはじめとする一二名の爆破班は稜線をつたって敵の火点に接近した。四名は敵の障害物を破壊、除去して爆破手がすすむ道を切り開き、五名は援護射撃をし、趙星斗をはじめとする三名は地雷をかかえて前進した。

機関銃が爆破手めがけて火をふき、敵の照明弾が地上を照らしつづけた。爆破手たちは針金で小さな熊手をつくり、それを手足につけて這い上がった。

敵の火点に近づくにつれて機関銃の音はけたたましくなり、火点の周辺は前方が見えないほど濃い硝煙につつまれた。爆破手の一人が敵弾に倒れた。趙星斗は継続前進を断固として命令した。一つ、また一つ、敵の火点は爆破されていった。二名の爆破手は継続前進したが、趙星斗が右脚を負傷した。だが彼は、継続前進をふたたび命令した。

最初の濠に到達した趙星斗はまず第一防御線を越え、さらに第二防御線を越えて敵火点の四〇メートル近くまで接近した。

それまで敵は彼らを発見できず、めくら撃ちをしていた。だが爆破手の一人が地雷にひっかかってまた犠牲になった。その音におどろいた敵が趙星斗を発見し火力を集中した。その時すでに趙星斗は敵の火点に一〇メートルまで接近していた。犠牲となった二人の戦友の復讐をとげるためにも、敵の火点をどうしても叩きつぶさなくてはならなかった。彼は負傷した脚から血を流しながら一センチ、また一センチと這っていった。小さな熊手をつけた指先で凍った土を掘りながら這ってゆくので、一〇本の指から血が流れた。ついに敵の機関銃口の前まで近づき、火点に地雷を投げこみ着火線を引いた。「同志たち、前進！」彼は奇跡的に上半身を起こして叫んだ。敵の火点が宙に吹き飛んだ。

趙星斗はこうして生涯を終え、英雄となった。

味方は喚声を上げて突撃した。南山高地を奪取した朝鮮人部隊は、怒涛のように輝南県城におしよせ二時間余りで占領した。

我が軍はこの戦闘で敵千余名を掃滅、四〇〇余名を捕虜にし、砲一一門、機関銃二一丁、歩兵銃と拳銃三七〇余丁のほか大量の軍需物資をろ獲した。

趙星斗は最初の肉弾英雄として、以後の東北解放戦争における爆破手の手本となった。そのとき彼は二二歳であった。

李紅光支隊の隊長と戦友たちは趙星斗をたたえ、その模範を見習うよう歌までつくって愛唱した。

地雷手趙星斗勇士

輝南山砲台に　突進すれば
敵の鉄条　じゃまになる

地雷よ　はじけろ！ぶっつぶせ！
開けろ、我らの突撃路
三月三日午後の五時
突撃命令くだったぞ
趙勇士、政治委員と握手して　誓いのことば
人民のため　この身を捧ぐ、ほかに言葉はありません
燃え立つ胸に　地雷を抱いて
砲台めがけ　まっしぐら
宵の星たち　光さす　我が勇士らの紅い顔
沸き立つ血潮は波を打つ
弾雨のなかで　痛手負い
真っ赤に染まる　白い雪
遠のく意識をとりもどし
起きては倒れ　また起きて　最後に任務をまっとうす……

部隊では「地雷手趙星斗勇士」の歌のほかに演劇もつくられた。彼の英雄的偉勲は中国人部隊にも伝わり士気を高めた。

輝南県城戦闘は、東北民主連軍が守勢から攻勢に転じる最初の攻撃戦であった。この戦闘から我が軍は連戦連勝の道に入った。

金日成主席はこのように、中国革命の不利な形勢を打開する助言を与え、積極的に支援し、難局を逆転させて東北解放戦争で中国共産党が勝利するのを助けた。

第六章　東北解放の勝ちどき

金日成主席は中国人民の解放戦争を、我が国を解放する戦争と同じようにみなして、中国の軍事幹部たちと東北解放作戦を討議し絶妙の戦法を編みだしたばかりか、時期ごとの重要戦闘に先立っては、勝利のための戦略戦術的助言をあたえた。

主席は東北解放戦争の全期間だけでなく、中国革命が勝利する日まで朝鮮人諸部隊や東北民主連軍（後に東北人民解放軍と改称）の指揮員たちと連係をたもち、彼らと直接会ったり電話で前線の状況を訊いたりして必要な対策を立て、助言もした。

将棋は、駒の使いかたで勝負がきまる。戦争においても指揮官の作戦、指揮能力が決定的に問われる。中国東北解放戦争もまさにそうであった。

中国共産党軍は数的にも武器装備においても、蔣介石国民党軍に劣っていた。おまけに共産党軍がもっていない空軍と海軍まで彼らはもっていた。将棋でいえば共産党軍は飛車角落ちどころか、歩だけで国民党軍と勝負せねばならなかったようなものだった。しかし共産党軍は勝った。

中国の友人たちは東北解放戦争で共産党軍が勝ったのは、金日成同志が誠心誠意支援してくれたからだと言った。

中国のある本には次のように書かれている。

「先見の明と科学的洞察力にみちた金日成主席の高見と助言は、中国軍の軍事作戦に大きな助けとなった。底力を発揮した朝鮮人部隊の戦闘力の源も、東北解放戦争の主要作戦の勝利も、金日成主席の名と切り離すことはできないと言える。

〈中略〉

この時期、朝鮮人諸部隊は金日成主席の志と意思のとおりに中国共産党の領導に沿い、中国人部隊との緊密な協力、協同で四平解放戦闘、吉林解放戦闘、錦州解放戦闘、第二次長春解放戦闘、瀋陽解放戦闘などすべての戦闘に参加して赫々たる武勲を立てた。」

極左的な「整風運動」を正す

中国東北解放戦争期には蒋介石国民党軍との戦いだけでなく、味方の隊列内でも耐えがたい試練があった。一九四七年三月、東北解放戦争で共産党が守勢を脱し攻勢に転じた時期、すなわち二次臨江防衛戦闘がおわった後に、一部の幹部の誤った振る舞いのために極めて複雑な情勢がつくられた。

中国東北地方の一部の解放地域に、朝鮮人学校での朝鮮語による教育を禁止したり、朝鮮人指揮員たちを中国人指揮員たちと同等にあつかわず不当に異動解任したり、農村では過去に余裕のある暮らしをしていた朝鮮人にたいし、彼らが抗日烈士の遺族であろうがなかろうが、財産を没収して追い出すなどの現象があらわれた。

それを見た朝鮮人部隊と朝鮮人のあいだでは、何もかも投げ出して朝鮮に帰ろうと言う人が出るかと思えば、中国人と争って対立する人たちもいた。こうなると、こんどは中国共産党があわてて朝鮮人指揮員たちをなだめたり、中国革命をこれからも支援すべきであるという解説活動をしたりしたが、効きめはなかった。

蒋介石国民党軍を制圧し、いままさに総反撃戦に移る準備をしていたその矢先に、革命隊列内部に引き起こされたこのような事態は、革命力量を弱化させ、解放地域をしっかり固めることができなくさせるばかりか、革命そのものを破滅させるかもしれない危険千万なものであった。

中国共産党はこの事態を自らの力で正そうとしたが、思い通りにならなかった。

金日成主席は東北の情勢と朝鮮人の思想動向を洞察し、当時の吉東分区司令員を呼んで報告を聴取した。司令員は、一部の解放地域で生じた非正常な情勢のため朝鮮人部隊内に、もうこれ以上戦うのはやめて祖国に帰ろうという現象が起きているが、これを止めるのが難しいと報告した。

主席は報告を聴き終えてから、およそ次のように述べた。

中国東北地方で戦っている同志たちは、まだ我々の意図をよく知らないようだ。彼らが祖国に帰って軍隊に入るというのは、祖国にたいする熱烈な愛国心の表れではある。だからと言って東北解放戦争の任務を投げだして、いますぐ朝鮮に飛んで帰ってきてはいけない。もちろん、私は彼らの愛国心を高く評価する。朝鮮人にまさにそのような愛国心と民族精神あるがゆえに、とくに東北地方に住んでいる朝鮮人ははやくから抗日武装闘争の影響のもとに革命意識が育まれ、日本帝国主義と蒋介石一味の蛮行を直接目撃し体験しただけに、みなが銃を手にして立ち上がり、何倍もの国民党軍の進撃を阻止し守勢に追いこむことができた。これまで我が同志たちが戦闘で発揮した勇敢さと犠牲精神、達成した戦果と功労は中国人部隊の指揮員と兵士たちを鼓舞する力となったし、我が朝鮮人の大きな誇りになった。

主席はさらにつづけた。

我が同志たちが中国革命から手を引いて朝鮮に帰るというのは、思想的に間違っているとばかりは言えない。彼らが祖国に帰るというのを民族本位主義だと非難してはならず、むしろ高い愛国心の発露として評価すべきである。そう評価しながらも、一部の同志たちのように一途に思いつめて、中国東北解放戦争が勝利する前に、いますぐ帰国すると強情を張ることのないようにせねばならない。なぜなら、東北解放戦争を支援することは、結局朝鮮革命のためであり、それがすなわち我々の愛国心の表れとなるからだ。

いま蔣介石一味は我が同志たちから手痛い打撃をうけ、日本軍敗残兵を傭兵として引き入れ、朝中人民の離間を画策している。蔣介石一味が朝鮮人を自分の側につけようと、朝鮮の民族主義勢力まで糾合して懐柔政策を使っている条件のもとで、下手をすると、階級的敵概心よりも民族排外主義的感情が前面に出る可能性がある。もしそうなれば、中国革命にどのような禍いをおよぼすかを、我々共産主義者は深く考えねばならず、これにたいして当然の注意を払うべきである。

朝中人民の間に生じた民族排外主義的感情を正すため、中国の同志たちとも話をするつもりだ。君はとりあえず軍隊内で我が同志たちに、中国革命はすなわち朝鮮革命だから、これまでよく戦ったように、これからも東北解放戦争で主力として活動してほしい、そして、東北解放戦争で必ず勝利してから朝鮮に帰ってきてくれ、とよく言い聞かせてほしい。

一部の中国指揮員たちが狭量な態度をとるのは、決して中国共産党の指示によるものでなく、一部の幹部らがいま達成した成果に自己満足し、民族主義的思考方式にとらわれて無分別にふるまう一時的現象だということを知らねばならない。

主席の教えをうけた吉東分区司令員は東北に帰り、朝鮮人諸部隊にその教えを伝達し学習するようにした。

党、青年同盟などの組織では学習を通して指揮員、隊員のみなが、東北解放戦争に最後まで加わり、立派に戦ってから祖国に帰ることを固く誓った。

一方、東北地方の各解放地域では、極左的な「整風運動」を正すたたかいが力づよく展開された。

中国共産党は、この難局を収拾するため周保中を金日成主席のもとに派遣した。主席は周保中が中国共産党中央委員会の委任によって朝鮮を訪ねてくるとの連絡をうけるや、東北解放戦争のさなかに彼が時間を節約できるよう、自ら延辺地区に接する豆満江沿岸の南陽まで出向いた。主席は一九四七年三月二六日の明け方に汽車で到着、その足で国境ホテルに入った。周保中は南陽橋のたもとまで渡ってきて、出迎えた主席と会った。

金日成主席は、同じ南陽で会っていらい一年ぶりの周保中の手を握り、その間、東北解放戦争で多くの成果があったと高く評価した。

主席の言葉に周保中は、いいえ、そうではありません、金日成同志が我々の作戦を指揮してくれたし、物心両面で支援してくれたからこそ我々が成果をあげることができたのです、本当に感謝しますと、東北人民の名において重ねて謝意を表した。

周保中は、現在延辺をはじめとする東北地区でおきている事態について具体的に話した。話の最後に周保中は、現事態を収拾し東北解放戦争の勝利を保障するために、主席が育成した抗日闘士を延辺地区に派遣してほしいと要請した。

その要請は周保中の意見ではなく、中国共産党の要請であった。当時、中国共産党東北局の仕事にかかわっていた劉少奇も、抗日闘士の派遣を懇請する親書を絹布にしたためてよこした。

主席は熟慮の末、延辺に生まれ延辺地区で地下工作もやり武装闘争にも参加して、東満の実情に明るい林春秋同志が適任だろうと、彼を派遣することにした。

国の重要部分である延辺地区の事態収拾を金日成主席に要請し、主席の戦士の派遣を懇請する中国共産党のこのような公式的要求は、主席にたいする絶対的な信頼と尊敬心から出たものであった。

主席は、私も東北の実情は知っている、我々が力を合わせてこの問題を解決してみようではないか、と言った。

当時を振り返って、中国共産党東北局で仕事をしていた唐天際は「抗日戦争期についで解放後の多事多難な政局を知略と胆力で主導し、人間愛にみちた政治で万民を団結させる主席同志だけが、複雑な東満の事態も正すことができるというのが我々の確信であった。」と語っている。

この日、主席は周保中と昼食をともにし、彼がふたたび豆満江を渡るまで、今後東北解放戦争で提起されうる政治、軍事、経済問題についても具体的な助言をあたえた。そして一層多くの物資も支援すると述べた。

周保中は胸のつかえが下り、晴れやかな気分で帰路についた。

後に一九四八年秋、周保中は妻の王一知と娘の周偉をつれて、吉林省副主席兼東北軍区副司令員の資格で我が国をおとずれ、金日成主席と会った。そのとき彼は、主席が東北解放戦争を助けてくれたことに改めて感謝の念をあらわすため、大量の小麦粉を汽車に積んできた。

主席は周保中一家を温かく迎え、東北解放戦争での労苦をねぎらい、健康を気づかって治療をうけさせ、金剛山で休養もさせた。一家が帰国するときは、気候が寒くなったのに合わせて冬服をあつらえて贈り、両家の家族一同で記念写真も撮った。

主席は周保中に約束したとおり、平安南道党の重責を担って活動していた林春秋同志を召還して延辺地区に派遣した。当時、我が国でも幹部が不足で困難の多かった時期であったが、主席はためらうことなく、大事にしていた幹部を送り出したのであった。

主席は林春秋同志が東北に発つ前に朝食をともにし、祖国を離れる彼のさびしさをなぐさめつつ、延辺地区事業にかんする次のような重要な訓示をした。

これまで朝中人民は東北の山野で肩を組み、苦楽をともにして戦ってきた。だから、いまの中国の同志たちの困難を座視するわけにいかない。延辺の事業は中国人民の事業であるとともに朝鮮同胞たちの事業でもあるのだから、我々は当然彼らを助けてやらねばならない。

中国で戦っている朝鮮人の一部が、祖国に帰ってきて建国事業に役立ちたいと言っているが、彼らにたいする思想教育活動をおこなって、これからも中国革命のために献身するよう導いてやらねばならない。中国人民との団結をいっそう強化し中国共産党の領導のもとに政権建設をはじめとする延辺地区のさまざまな建設に力を入れるとともに、東北解放戦争勝利のため積極的に努力すべきである。

破壊された人民経済を復旧し生活を安定させ、朝鮮族の文化と教育を発展させねばならない。

主席はまた、東北地方に散らばっている革命烈士遺族と遺児たちを捜しだして、祖国に帰す課題も彼にあたえた。

林春秋同志は主席の言葉を胸に刻んで、当時吉林省の諸機関が所在していた延吉に行き周保中と党書記に会って協議したのち、仕事にとりかかった。

林春秋同志は省党の要請で、はじめは省政府民族事務処長の職務につき、まず朝鮮人高級幹部班の「整風」責任者となって「整風」が偏向なしにすすむように導いた。すると人々の間で、金日成将軍の特命をうけてやってきた抗日闘士の幹部が黒白を正しく見分け、過激な手段をとらずに複雑な経歴をもつ人たちの問題を的確に処理する、という評価をうけるようになった。

しばらく後の一九四八年三月二十七日、林春秋同志は延辺専員公署専員であると同時に、中国共産党延辺地区委員会の副書記を兼任することになった。彼は延べ七日間演説会を開いた。内容は朝鮮民族が中国のきょうだいと一致団結してあらゆる難関を突き破り、東北解放戦争を積極的に支援しようというものであった。そのとき、演説を聴くために遠く北満からも多くの朝鮮人がやってきた。

彼は各級党、政権機関にもぐりこんでいた日帝の走狗、革命の裏切り者、不純異色分子らを直接摘発し、抗日武装闘争参加者たちをはじめとする核心分子を幹部として配置した。延吉、図們の市長、各県の県長が新たに任命されたのもこのときであった。林春秋同志が、革命闘争の長い伝統をもち大衆の革命意識水準が高かった汪清地区に行って党、政権機関を整頓し、それを手本にして他の地域でも見習うようにしたのは延辺地区を政治的、思想的に強化するうえで大きな意義があった。

林春秋同志の指揮のもとに延辺専員公署は、左傾分子が没収した中農、中小企業家、革命家遺族らの財産を返還し、故郷を離れた人たちが帰ってくるように促して生活を安定させ、極貧の漢族の人々を援助した。こうして、不信感をもってばらばらだった人々が、互いに団結しはじめた。

東北解放戦争が攻撃段階に入り、戦争の規模も大きくなった当時の条件のもとで、彼は軍隊志願者を増やし、援軍活動を力づよく展開し、前線援護を強化するのに力を入れた。民主選挙を実施し、土地改革運動のなかで成長した、能力と信望のある人たちを基本にして農村の政権機関を樹立した。各県と郷（区）でも中国共産党の領導のもとに各民族、各村の代表たちによる人民代表会議を開き、民主選挙を通じて区、県人民政府を樹立する活動もおしすすめた。

彼はまた、土地改革で土地の主人となった農民の積極性を発揚させ、互助合作運動を広範に展開して農村の生産性を高め、農業集団化の基礎をかためた。さらに中国共産党の工業政策を貫徹して、さまざまな方法で生産を高め、前線の需要に応じる困難な仕事にも取り組んだ。

林春秋同志はとくに、朝鮮人の民族文化と教育を発展させながら、新しい世代の幹部を養成するのに力を入れた。彼は中国共産党のインテリ政策を貫徹し、文化人や教育者が安心して生活できるように計らい、一九四九年春からは延辺各地の農村や郷ごとの小学校、中学校が再開できるようにする仕事も組織した。教育出版社の印刷所を拡大し、朝鮮族小学校・中学校の教材を新たに編纂出版した。

一九四八年三月には延辺党政幹部学校を設立し、林春秋同志自身が校長を兼任して基層幹部育成に力を入れた。

彼は、革命の骨幹を早く育成せよという主席の教えに従って、延辺に民族大学を創設する仕事を積極的に推進した。

金日成主席はその話を聞いてたいそう喜び、次のように語った。

「大学を一つ建てるのは、言うまでもなく非常に難しい問題です。しかしながら祖国での経験が示すように、広範な大衆の力と知恵を動員すれば大学創設問題も十分に解決することができます。延辺地区に大学を建てる仕事を祖国も積極的に手助けしましょう。困った問題があれば教育省をはじめ当該機関に提起しなくてはなりません。」（「金日成全集」八巻、三八七〜三八八頁）

林春秋同志は祖国から援助をうけるとともに、延辺と東北各地の朝鮮族有志から基金を募ったり、東一貿易会社を設立して資金を獲得したりして、無事に大学創立にこぎつけた。

彼は東北各地に人を派遣し図書を購入して図書館をつくった。一九四九年二月から学生募集をはじめ、数百名の学生で三月二〇日に延辺大学開学式を行った。

彼は病院開設にも取り組んだ。

主席は林春秋同志が延辺で活動する間、彼を呼んだり手紙を送ったりして具体的に指導した。彼が任務を終えて一九四九年三月に帰国した後も、主席は延辺大学に巨額の資金と図書、資料などを送った。

一九四九年七月には延辺大学副学長を団長とする教授、幹部など七名が金日成総合大学をはじめ、さまざまな大学の経験を学んで帰っていった。

東北民主連軍のある指揮員は、金日成主席についてこう言った。「実に、我々の手に余る難しい問題を引き受け、禍いを福に転じてくれたあの方の恩は、歳月が流れても、どうして忘れることができようか。」

勇敢さと犠牲精神の四平解放戦闘

四平街は蒋介石国民党軍が東北地方の司令部を置いていた瀋陽と繋がり、そして長春、海龍、鄭家屯とも連結する交通網の要であり、重要な軍事要衝地であった。

一九四七年になって中国共産党軍の攻撃が強まると、国民党軍は東北地方のひろい地域から追われて長春と瀋陽、四平、錦州をはじめとする諸都市と鉄道を占領して最後のあがきをしていたが、事実上我が軍によって包囲されていた。

共産党にとって四平を手に入れるのは、東北に侵入した国民党軍の背骨を折るにひとしかった。だからこそ国民党軍は、四平を奪われまいと「難攻不落」の要塞をきずき必死に抵抗していた。

四平街は西南方に河があり、市内は高層建築物が立ち並び、周辺の低い山の稜線と渓谷で屏風のように囲まれ、防御には有利であった。国民党軍は渓谷と山の稜線に沿って高さ五メートル、幅四メートルの高い土塁をきずき、その上のところどころに永久火点を設置した。

土塁の外には、土塁をつくる土を掘った後の深い濠に水をみたし、さらにその外側に幅二〇〇メートルの帯状の地帯をつくり、そこに鉄条網と地雷、丸太の先を鋭くとがらせて組み立てた鹿砦や、有刺鉄線の束を巨大な螺旋状にひきのばしたばら線など一〇余種類の障害物をめぐらし、市内の要所要所には永久火点を構築した。

国民党軍はそこへ、殺人者として悪名高い陳明仁とその弟である特務団長が指揮する七一軍と一二軍をはじめとして、一〇余万名の大兵力を配置していた。国民党軍は飛行機も一〇〇台以上もっていた。

東北民主連軍による四平解放戦闘のために林彪が司令員として派遣され、包囲作戦に三〇余万名の兵力が投入された。その兵力の半分以上は朝鮮人で一縦隊、一二縦隊、二〇縦隊などを構成していた。

はじめのうち林彪は、一九四七年初、東北民主連軍の中国人部隊だけで二度にわたって四平攻撃をこころみたが成功できなかった。そこで一九四七年六月に朝鮮人諸部隊とともにもう一度攻撃して四平街の三分の二を掌握した。

当時この戦果について「労働新聞」一九四七年七月二日付は「四平街総攻撃／東北民主連軍の戦果」という見出しで次のように報じた。

「……去る（六月を指す―筆者註）一四日夜、四平街の国府軍（国民党軍―筆者註）にたいする攻撃を開始し一二昼夜にわたる大激戦で、国府軍が一年余りの占領中に完全に現代化した無数の堡塁のうち六ヵ所の防御陣地を破壊し、国府杜聿明軍の陳明仁兵団七一軍軍部《ママ》砲兵特務団、運輸団、工兵露営《ママ》および暫編三師全部、八七師（一個団欠如）、十二軍の五四師（一個団欠如）、遼北保安一団・保安一七団、交通警察総隊などを殲滅して七一軍の参謀長以下万余名を殺傷し、六千余名を捕虜にした。捕虜のなかには南京からきた将校団一八三名がふくまれており、残りの国府軍は民主連軍が殲滅中である。このように、四平街の大部分は民主連軍が押さえている。」

共産党軍はこのように戦果をあげたが、瀋陽から国民党軍五個師団が増援にやってきたため、我が軍は四平街から主導的に撤収し、瀋陽－長春間の道路と鉄道を遮断して敵を牽制した。

国民党軍は、四平街内に閉じ込められて包囲状態にある部隊に飛行機で補給物資を投下するとともに、包囲を突破するため郭家店をはじめとする我が軍地域を連日爆撃して莫大な人命被害をあたえた。我が軍は戦果を拡大できなかった。

東北民主連軍が四平解放戦闘を開始したのは一九四七年六月だったが、蒋介石国民党軍と一進一退の攻防戦をくりひろげること一〇ヵ月におよび、我が軍も多くの損失をこうむった。

当時の四平解放戦闘について、その困難さと熾烈さ、その戦略的意義において、第二次世界大戦時のスターリングラード激戦にひとしいと言う人たちがいるが、あながち過言ではなかった。

東満、西満、南満、北満を連結する主要鉄道網を掌握して相手を四分五裂させ、孤立させて戦争の主導権をにぎろうとすれば、どうしても四平を押さえねばならなかったので、両軍たがいに後に引こうとしなかった。

堅固な防御線に拠る国民党軍は、飛行隊を動員して猛爆撃を加えてきた。我が軍は幾度も反突撃をこころみたが、人命損失をだすだけで成果はなかった。

事態は決定的な対策を緊切に要求したが、これといった方策もなかった。しかも我が軍は兵力と武器装備の支援を受けるところもなかった。

このような時、金日成主席は電話で四平解放戦闘の実態の詳細な報告をうけ、朝鮮人部隊の指揮員にたいし、中国東北地方にいる全朝鮮人部隊と人民を総動員して敵に息つくひまをあたえず集中的な攻撃を加え、四平解放戦闘に早くケリをつけよと対策をさずけた。それまで朝鮮人部隊は四平解放戦闘に参加はしたが、おもに瀋陽、長春からの国民党軍増援部隊を撃退する作戦に使われていた。朝鮮人部隊指揮員は、主席のとった措置を東北民主連軍につたえてから、東北地方で活動していたすべての朝鮮人部隊を四平にあつめた。

主席の指示があったと聞き、遠く延辺地区からも朝鮮人が担架隊、医療隊まで組織して駆けつけた。四平地区は東北各地から集結した朝鮮人でごった返した。

当時国民党軍内で、朝鮮人部隊は「金日成の縮地法」を使うというわさが立っていて、その名を聞いただけで震えあがった。

朝中戦闘員の士気は高まり、東北人民解放軍〔一九四八年一月から東北民主連軍は東北人民解放軍と改称〕は国民党軍を破滅へと追いこんでいった。ついに一九四八年三月、最後の総攻撃が開始された。四平解放戦闘では誰もが勇敢に戦ったが、とりわけ朝鮮人隊員は先頭に立って不屈の闘争精神と高い犠牲精神を発揮し、勝利に大きく貢献した。

なかでも、朝鮮人工兵隊の役割が大きかった。彼らは数十名の犠牲者をだしながらためらいも動揺もなく、最初のグループが失敗すれば二番めのグループが、二番めのグループが失敗すれば三番めのグループが、次々と敵陣に肉薄し堅固な防御陣地をぶち壊して進撃の突破口をひらいた。金亭斗は爆薬を抱いて敵の銃眼をふさいだ。彼は趙星斗についで東北解放戦争で二番めの肉弾英雄となった。

この戦闘では、共産党軍が人民の被害を少なくするため使わなかった大砲まで総動員し、一斉射撃で敵の土塁を吹き飛ばし、各所に設置された敵の重機関銃火点は、朝鮮人部隊戦闘員らが金亭斗のように爆薬を抱いて決死の覚悟で接近、爆破した。

総攻撃開始四日めに敵の第七一軍長が逃走し、四平街は三月一三日ついに完全解放された。主席が意図したとおり、東北の全朝鮮人部隊が東北人民解放軍とともに総動員して一撃のもとに敵を掃滅したので、国民党軍は四平で敗北した。この戦闘で背骨を折られた国民党軍はもはや立ち上がれなくなった。我が軍は国民党軍二万余名を殺傷し四万余名を捕虜にした。残りは、数百門の大砲をはじめ莫大な数の武器を捨てて、彼らの総司令部がある瀋陽に逃げた。ある朝鮮人部隊は、瀋陽方面からやってくる敵の増援部隊を包囲殲滅し、トラックだけでも一五〇余台をろ獲したが、運転手がいないのでみな燃やしてしまった。

四平解放戦闘の勝利は、東北解放戦争と中国第三次国内革命戦争における共産党軍の完全勝利を予告する信号となった。

四平解放戦闘をつうじて、朝鮮人の勇敢さと犠牲精神がどれほど高いかが重ねて示された。

四平解放戦闘で犠牲になった朝鮮人の数は、実に数万名に達するといわれる。砲台を破壊するため爆薬を抱いて突進し、敵弾にたおれた朝鮮人だけでも数十名にのぼる。

この戦闘の後、蒋介石国民党軍内で金日成の名がさらにひろまり、朝鮮人にたいする恐怖心がいっそう強くなった。

四平解放戦闘勝利の後、当時の東北人民解放軍総司令員は主席にたいする感謝のしるしとして、高い信頼と敬意をこめて粟一〇万トンと興安嶺産の川獺《かわうそ》の毛皮でつくったオーバーコート、ライオンの毛皮の敷物を贈った。

この贈り物について、当時指揮員だったある人は手記のなかで「東北解放戦争期間に民主連軍《ママ》指揮員たちが金日成主席に興安嶺産の川獺の毛皮でつくったオーバーコートとライオンの毛皮の敷物を贈ったのは、朝鮮のことわざにあるように、髪を切って履物を編んででも、恩に報いたいという我々の心情を表したいがためであった。」と書いている。

退路を断つ錦州解放戦闘

四兵解放のあと、長春解放戦闘が四月から開始された。しかし、金日成主席は東北解放戦争の戦局を見通し、長春解放戦闘を終結させる前に、錦州を解放すべしという作戦案を提示した。

錦州は東北地方から中国関内〔中国本土〕に入る関門であるため、すでに吉林、四平の戦闘で敗北した国民党軍が、これから長春での戦いでも敗れれば、錦州を通って関内に逃走するかも知れない。錦州を東北人民解放軍が握れば、東北に入ってきた蒋介石国民党軍は袋のネズミとなる。錦州を解放すれば、彼らの増援と補給路も断ち切ることができる。蒋介石国民党軍は進退きわまって、悲鳴をあげるであろう。

四平解放戦闘が国民党軍の背骨を折る戦闘だったとすれば、錦州解放戦闘は国民党軍の首を絞める戦闘であった。このように錦州解放戦闘は大きな意義をもっていた。

国民党軍は錦州界線に二〇余万の大兵力を集結した。東北人民解放軍は錦州戦闘に七縦隊、一〇縦隊、四四軍の主力師団を参加させて、九月二六日から総攻撃を開始した。

国民党軍は数的優勢をたのみにし、永久化された陣地に拠って頑強に抵抗した。

我が軍は一九四八年一〇月一三日、敵の司令部を爆破する作戦を開始した。そのため司令部周辺の永久火点の下まで、二〇〇メートルもの長さの地下トンネルを一晩のうちに掘ることにした。短時間に、それも真昼のように照らす敵の照明弾の下で、ばれないように作業をすすめるために、やむを得ず極めて低いトンネル内で腰をのばすこともできず、腹這いで掘らねばならなかった。だが、我が軍の戦士らは、とても困難なこの作業を一晩のうちにやりとげた。手足からは血が流れた。

このようにして掘った地下トンネルを使って爆薬を設置し、突撃信号と同時に二〇〇メートル離れたところから操作して敵の司令部を爆破した。

ついで、四つ角ごとに永久火点をきずいて機関銃と大砲を撃ちまくる敵を、七縦隊直属で池炳学指揮下の朝鮮人砲兵大隊がみごとに叩きつぶしはじめた。この砲兵大隊は弾雨のなかに大砲を牽引してゆき、砲弾一発で敵の火点を一つずつつぶす戦果をあげて部隊の突撃路をひらいた。

一〇月一四日からはじまった錦州解放最終戦闘は、三一時間で我が軍の勝利におわった。

錦州が解放されたので、それ以後は「門を閉ざして犬を殴る」ように東北の国民党軍をやっつけることができた。我が軍は戦闘で二〇余万の敵を掃滅し、数多くの武器をろ獲した。

錦州が解放されると長春はあっけなく落ちた。「労働新聞」一九四八年一一月三日付けは「中国人民解放戦の新たな発展」という見出しで次のように書いている。

「一〇月一五日に解放された錦州は重要な鉄道連絡点であり、東北地区国民党軍の最も大きい兵站基地であった。……長春は一〇月一九日に陥落した。長春市国民党防御軍は、……錦州陥落の直接的結果としておのれの退路をうしない、絶望におちいって投降してしまったのである。」

まさに金日成主席の読みどおりの展開となったのであった。

第二次長春解放戦闘

一九四六年春に行われた長春解放戦闘で勝利したにもかかわらず、東北民主連軍は「中ソ友好同盟条約」

によって国民党軍に長春を明け渡さねばならなかった。そして一九四八年四月から、東北人民解放軍〔東北民主連軍を一九四八年一月に改編〕はふたたび長春を包囲し第二次長春解放戦闘を開始した。

当時、長春市内には蒋介石国民党軍が一〇万余名もいて鉄壁の防御陣をきずいていた。それだけで一つの戦争も遂行できる兵力である。

その反面、東北人民解放軍といえば、長春を包囲はしたものの数的にも武器装備においても、蒋介石国民党軍とは比べものにならぬほど劣っていた。蒋介石は、東北人民解放軍の長春攻略は不可能と信じていた。しかも当時の蒋介石国民党軍は、彼らが占領していた東北地方の主要都市の多くを奪われたので、長春だけはどんなことがあっても守り抜こうと必死の覚悟であった。

東北人民解放軍司令部では連日作戦会議をひらいたが、どのように攻めるべきか、いっこうに良い知恵はうかばなかった。こうして数ヵ月が経った。そこで彼らは金日成主席に意見を求めた。

主席は、この時も長春界線の実情を具体的に把握した後、長春解放戦闘を支援するため、砲兵一個連隊を派遣すると述べた。

金日成主席はさらに、およそ次のように述べた。

四平はすでに解放されているのだから、長春解放は時間の問題である。全面攻撃をして多くの犠牲者をだすのではなく、包囲陣を水ももらさぬように固めたうえで、欺瞞的な威嚇攻撃と敵軍瓦解工作を綿密に結合し、抗日戦争期の城市攻略戦の経験を生かさなくてはならない。敵の弱点に攻撃を集中して突破口をひろげつつ、漸次敵軍を全滅させねばならない。

主席の意見を伝達された東北人民解放軍指揮員たちは歓声をあげた。

当時、東北人民解放軍は連戦連勝して戦闘員の士気はひじょうに高く、反対に国民党軍は連戦連敗のうえに包囲までされていたので、士気が極度に落ちていた。しかも吉林、四平につづいて錦州もいずれは解放されるので彼らの補給線は完全に遮断される。包囲網を締め上げれば締め上げるほど、敵が窮境におちいるのは明らかだった。

主席の教えたとおり全面攻撃を避け、敵の弱点に集中攻撃をかけると出路が見えてきた。

長期にわたって包囲されているので、蔣介石の直系軍である新七軍と雲南省からきた地方軍である六〇軍とのあいだの矛盾が先鋭化し、市全体に飢餓が蔓延していた。飢餓線上におかれた長春市民の不満が日ごとに高まった。そのうえ、勇猛な朝鮮人部隊が四平地区からそっくり長春に集結し、さらに錦州まで脅かされると、長春市内の敵は恐怖にふるえた。解放軍側に寝返る国民党軍の数がますます増えていった。

金日成主席の提起した敵軍瓦解工作は、このような状況を見通したものであった。

我が軍は、偵察兵と工作員を長春市内に潜入させて瓦解工作をすすめ、外からも心理作戦を連日展開した。しかし悪質な将校たちは、なんとかして包囲網を突破しようと焦り、要所々々で反攻撃も敢行し、蔣介石と連絡をとって飛行機で食糧や武器の補給をうけたりした。

我が軍はこれにたいし、対空火力を強化して敵機の低空飛行を許さなかった。敵機はやむをえず高空から食糧と武器弾薬を投下した。それらは敵陣に落ちず、大部分が敵と我が方の間か、我が軍陣地に落ちた。

やがて約束どおり、金日成主席が派遣した砲兵一個連隊が長春に到着した。我が軍の士気はいっそう上がった。

東北人民解放軍は朝鮮人を動員して敵地区に入らせ、敵兵を拉致して第六〇軍を引き寄せる工作を猛烈にくりひろげた。

蕭勁光は国民党六〇軍を投降させるために、独立六師三連隊長の朴根植を敵の第六〇軍二連隊長と連係させ、手紙のやりとりと談判を何度も行った。

蕭勁光は、東北人民解放軍副司令員兼吉林軍区司令員として戦闘を指揮した。（蕭勁光は一九五〇年九月から一九八〇年一二月まで中国人民解放軍海軍司令員、一九六五年に国防部副部長）

朴根植連隊長は解放直後、龍井武装隊で全允弼とともに戦い、和龍保安連隊長、吉東分区保安連隊長をしていたが、錦州解放戦闘の時期には独立六師三連隊長だった。日帝敗北以前は龍井中学校長だった。黄埔軍官学校卒業生でもある。学識もあり軍事にも明るく、国民党六〇軍を投降させる適任者として選ばれた。

連絡任務は朴根植連隊（朝鮮人連隊）の裴成叶が引き受けた。彼は危険な敵地に単身騎馬で合法的に乗りこみ、六〇軍長あての手紙を二連隊長に伝達した後、そこに潜入している我が方の工作員の指示を受け取って帰ってきた。敵六〇軍長の手紙は朴根植連隊長の手から蕭勁光にそのつど伝達された。

吉東地区で組織された独立六師は長春の東側界線を包囲し、独立四師は西南界線を占め、独立一一師一連隊は独立四師と六師の間を占め、独立一一師二連隊と第三連隊、三七師は長春北側の飛行場を占拠した。長春はこのように包囲されていた。

長春にいる敵軍司令官は鄭洞国（東北地区国民党軍副総司令）で、新七軍長は李鴻、六〇軍長は曽沢生だった。

我が軍は敵六〇軍の軍長と連係しながらも、東南側を封鎖している独立一一師に命じて威嚇攻撃をさせた。この地域は敵六〇軍のなかでも悪質な連隊長が指揮していた。

独立一一師一連隊の爆破班長金成賢は、隊員二人を連れてこっそり敵の砲台に忍びより、バクチをしていた一二名の国民党軍兵士を生け捕りにしたうえ、砲台を爆薬で吹き飛ばした。独立六師の三連隊爆破班長・李基春は五名の部下を連れて敵の火点一二ヵ所を連続的に破壊した。最後の火点に接近して敵に発覚、爆薬を抱いて火点の口を塞ぎ爆破、壮烈な最期をとげた。

こうして李基春は、東北解放戦争で三番めの肉弾勇士となった。（趙星斗、金亭斗、李基春の三名の肉弾勇士はみな英雄称号をさずけられた）

朴根植連隊は、李基春が命を賭してひらいた通路を進撃した。あわてた敵六〇軍長・曽沢生は一〇月一八日、自動車に白旗をかかげてやってきて談判を要求した。蕭勁光と独立一一師副師団長・金昌徳が敵六〇軍長と談判することになった。談判では敵の要求どおり、家に帰りたい者は帰し、解放軍に入りたい者は受け入れることにした。

談判の結果にしたがい、一〇月一九日夜零時、国民党六〇軍はこっそり我が軍地域に移動し、それと交代に我が軍の独立六師と独立一一師一連隊、独立四師をはじめとする一個縦隊の兵力が、敵六〇軍の占拠していた地域に入った。

この入れ代え作業が余りにも静かに行われたので、敵はもちろんのこと、我が軍の隣接部隊ですらまったく気づかなかった。

一〇月一九日朝、そんなこととは露知らず国民党新七軍参謀長が、自分の管轄区域なので大いばりで現れたところを逮捕した。我が軍は彼の口から新七軍の動態と武力配置状況をさぐりだし、奇襲攻撃をかけた。敵の兵士らはあわてふためいて対抗措置をとる暇もなく投降した。

しかし新七軍指揮部は降伏せず、中央銀行の堅固な建物にたてこもって抵抗をつづけながら、蒋介石に逃走用の飛行機をよこすよう要請した。蒋介石は彼らにたいし飛行機をよこさず、最後まで戦えという命令をよこした。

袋小路に追いつめられた東北地区国民党軍副総司令官・鄭洞国は、我が軍陣地めがけて何時間か目標も定めずにめくら撃ちをつづけたあげく、仕方なく部隊をひきいて投降した。

こうして一九四八年一〇月一九日、第二次長春解放戦闘は勝利のうちに終結した。我が軍は長春解放戦闘で一〇万余名の敵を殺傷、捕虜にし、砲をはじめ多くの武器をろ獲した。このときから共産党軍は二四〇ミリ野砲をはじめとする最新式兵器で武装できるようになった。

解放された市内には国民党の紙幣が一面に散らばり、家々は餓死者であふれていた。後に調査したところ、餓死者は十二万名に達したという。

長春解放の後、表彰のため数百名の参加する模範戦闘員会議がひらかれたが、参加人員の八〇パーセントは朝鮮人であった。

当時、中国では小功を三回たてれば中功、中功を三回たてれば大功と評価し、大功を三回たてれば特功となって毛沢東同志の表彰をさずけた。大功をたてた人には一五日間の休暇をあたえて家に帰した。その家庭にたいし、部落ではカネを集めて買った豚、布地をはじめ多くの品物を車につんで贈り、ドラや太鼓で盛大に歓迎した。

「労働新聞」一九四八年一一月三日付けには「中国人民解放戦の新たな発展」という見出しで記事がのせられていて、次のように書いている。

「長春では国民党六〇軍軍長曽沢生ひきいる三個師団が崩壊した。このほかに、長春国民党最高指揮官であり東北地区国民党軍副総司令官であるとともに、国民党中央執行委員である鄭洞国が、部下多数とともに投降した。」

「労働新聞」一九四八年一〇月二二日付けには「中国人民解放軍、東北地区制圧」という見出しで次のような記事がのっている。〔記事中の奉天は現在の瀋陽の当時の呼び名〕

「【平壌二一日発朝鮮中央通信】南京二〇日発フランス通信が伝えるハルビンからの中国人民解放軍側の放送によれば、中国人民解放軍は東北の最大都市・長春を完全に占領し、長春守備国府軍側の主力である第七軍と第一軍の各部隊は武器を捨てて投降態勢をとったという。一方、北京一九日発UP通信によれば長春を『死守』中だった国府第七〇師軍降伏の報に接した奉天およびその周辺の国府軍約一〇万は、旧張学良親衛隊本部の北大営に駐屯している諸部隊と、奉天駅付近に駐屯している部隊および奉天市の本渓湖などにいる部隊との間で、中国人民解放軍の熾烈な攻勢の前に投降するのか、それとも営口方面に脱出する血路を開くのかという両論があって内紛中だといわれ、ますます包囲網を狭めてくる人民解放軍の攻撃で、ここ数日中の国府軍の命運は旦夕に迫ったという。

国府軍の『士気を鼓舞する』ため奉天戦線を航空訪問しようとした蒋介石の『視察』も延期された。

さらに南京発AP通信によると、最近国府立法院が緊急会議を招集し、華北地区の敗勢を立て直すために一五〇万の軍隊を新たに徴募するよう政府に要求したが、これにたいし国民党政府国防相、河応欽は五〇〇万を徴募しても今の戦局を挽回するには絶対的に不足だと告白した。」

長春解放戦闘を指揮した蕭勁光は次のように言った。

「朝鮮人が、これまでの全ての東北解放戦争において、とりわけ長春解放戦闘において、中国の歴史に永遠に輝く大きな偉勲を打ち立てた。」

黒山、大虎山戦闘

金日成主席はまた、東北地方に入ってきた国民党軍が抜け出せないように、瀋陽－丹東を連結する第二戦線を形成して敵を掃滅すべしと助言した。

錦州が陥落し長春が解放された後、錦西と葫蘆島でも大打撃をうけると、瀋陽から錦州に援軍としてきていた廖耀湘兵団はろうばいして、北平線に沿って関内に通じる道をひらき華北に退却しようとした。

黒山と大虎山は、廖耀湘兵団の脱出路を扼する要衝地であった。黒山、大虎山を通って錦州を経由すれば陸路で、営口を経由すれば海路で逃げられる。錦州が陥落したいま、営口を経由するほかないのだが、そのためには前途をさえぎっている黒山、大虎山を占領しなければならなかった。

東北人民解放軍指揮部は、錦州解放戦闘に参加した主力部隊が到着するまで三日間、廖耀湘兵団の黒山、大虎山通過を阻止せよとの命令を第一〇縦隊（二八師、二九師、三〇師）に下した。第一〇縦隊も朝鮮人が集中している部隊であった。

黒山、大虎山戦闘は遼瀋戦役全般の鍵であるばかりか、東北解放戦争の重要な結節点の一つであった。黒山、大虎山を堅持すれば廖耀湘兵団をはじめとして東北地区に入り込んだ国民党軍の退路が完全に絶たれ、その滅亡は決定的となる。だからこそ東北人民解放軍司令部は黒山、大虎山の守備を最強の朝鮮人部隊に託したのであった。黒山の東側は二八師が、黒山西北側は二九師が、大虎山は三〇師が守った。

一九四八年一〇月二三日、敵五個師団は二〇〇台の飛行機と一五五ミリ大口径砲をはじめとする各種の砲二〇〇余門で黒山、大虎山一帯に集中砲爆撃をあびせ、全山を火の海にした。敵はこの日、三方面から五回にわたって連続攻撃を加えてきたが、ついに我が方の防御陣を崩すことができなかった。

とくに、東北人民解放軍二八師八四連隊二大隊（朝鮮人大隊）が守っている一〇一高地をうばうため、敵はすべての大砲と空軍の援護をうけて一〇時間にわたり四方面から五回猛突撃を敢行したが、そのつど朝鮮人部隊勇士らの頑強な防御に阻まれて失敗をくりかえした。

一〇一高地は、大虎山と黒山とが九キロメートル余り離れている合間に広がる平原地帯を制圧できる唯一の高地であった。この高地は敵の砲爆撃のたびに火の海になり、黒煙は空を覆って日蝕のように暗くなった。高地は国民党軍の砲爆撃で二メートルも低くなった。だが、そのつど朝鮮人部隊の白兵戦と頑強な防御にはばまれて失敗をくりかえした。苛烈な高地争奪戦で、東北人民解放軍は一日にほとんど一個大隊の兵力を失った。

黒山の西北側を襲った敵の七一師、八七師、九一師も五回にわたって連続攻撃を加えてきたが、我が軍二九師によって撃退された。大虎山を攻撃した敵の新六軍二二師も、我が軍三〇師の防御線を一歩も破ることができなかった。

東北人民解放軍二八師指揮部は、夜陰に乗じて敵指揮部を襲撃する任務を朝鮮人部隊に下した。

敵どもはおのれの運命が死に直面していることを悟るや必死にあがいた。

一〇一高地の朝鮮人部隊は弾薬も食糧も切れたが、最後まで決死の戦闘をつづけた。

敵は、共産党軍が人民の生命財産を尊ぶのを悪用し、人民を先頭に立たせて上ってきたこともあった。我が軍の戦闘員は、人民たちが三〇メートルほどの近くまできたとき、彼らに伏せろと呼びかけて、銃弾や銃剣で敵を掃滅した。

戦闘員らは三日間この高地を英雄的に死守した。

ついに、錦州解放戦闘に参加した主力部隊が到着した。我が軍は二五日夜に敵の縦深を攻撃した。

東北人民解放軍は五日間の激戦で廖耀湘兵団の五個軍一二個師団の一〇余万名を殲滅し、遼瀋戦役の決定的勝利に大きく寄与した。

黒山、大虎山戦闘で国民党軍兵団司令官・廖耀湘は捕虜となり、部隊は掃滅された。

廖耀湘は自分の日記に「彼ら（朝鮮人部隊）は銃剣をかざして攻撃するたびに、前の者が倒れれば次の者が前進し、非常に勇敢であった。」と書いた。

東北人民解放軍総部では黒山、大虎山戦闘で赫々たる武勲をたてた第一〇縦隊を高く評価し表彰した。二八師八四連隊二大隊八中隊（朝鮮人部隊）は「鋼鉄八中隊」の称号を授与され、全軍にその名がとどろいた。黒山、大虎山戦闘の後、我が軍の総力はすでに包囲している瀋陽の解放戦闘にむかって集中された。

国民党最後の拠点、瀋陽解放戦闘

瀋陽は、蔣介石国民党軍が東北地区総司令部を置く最後の拠点であり、牙城であった。敵は東北地方のすべての地域で敗北してもなお、瀋陽だけは何としてでも守り抜き、包囲を突破して逆攻勢に出ようと企んでいた。

はじめは瀋陽を中国人部隊が包囲していたが、一九四八年一〇月三〇日の総攻撃開始からは朝鮮人諸部隊が主力となった。

瀋陽には各地から逃げてきた敵軍三〇余万の兵力がいて、彼らの依拠する堅固な防御陣を突破するのがなかなか難しかった。

やがて、長春解放戦闘で輝かしい手柄をたてた朝鮮人部隊である独立四師と三七師（延吉で組織された部隊）が、戦車と装甲車を先頭にして駆けつけ、あっという間に敵兵千五〇〇余名を殺傷して北側防御線を突破、飛行場を占領して数十台の飛行機をろ獲した。敵はあわてふためき、談判を申し入れてきた。

我が軍の政治委員が談判にのぞみ、敵の和平要求を拒絶して無条件降伏を突きつけた。敵は腹いせに、朝鮮人部隊が駐屯する飛行場区域に大爆撃と砲撃を加えてきた。朝鮮人部隊と中国人部隊は連合して一斉砲撃で反撃した。

敗北が目前に迫ると一〇月三〇日夜一〇時、敵の将校たちは飛行機で逃走し、一〇余万名は投降し、残りは四方に散った。

瀋陽が解放されたのち、独立四師の朝鮮人たちは瀋陽衛戍勤務を遂行した。そして一九四九年七月に帰国し、朝鮮人民軍第六師に編入された。

四平、錦州、長春、瀋陽の解放戦闘だけでも無慮五〇余万名の敵を殺傷あるいは捕虜にした。

三年間の東北解放戦争は勝利のうちに終わった。

この期間に朝鮮人諸部隊と東北人民解放軍は国民党軍の新一軍、新三軍、新六軍、新七軍、一二軍、一六軍、六〇軍、七一軍そして一〇万を数える謝文東の土匪部隊と、その他の土匪ども、合わせて一〇〇万にたっする敵の大軍を瓦解させ、そのうち七〇万名を殺傷または捕虜にした。四平、錦州、長春、瀋陽の解放戦闘だけでも無慮五〇余万名の敵を殺傷あるいは捕虜にした。

国民党軍はこのように掃滅衰退したが、その反面、東北地方で組織された東北民主連軍は一〇〇万名の東北人民解放軍に発展し、二四〇ミリ野砲と一二〇ミリ迫撃砲をはじめ各種規格の砲と戦車、装甲車、自動車と自動兵器で武装できるようになった。そのうち、朝鮮人部隊である独立四師は機械化部隊に改編された。

東北人民解放軍と朝鮮人部隊による瀋陽解放のニュースは、敵には恐怖と失望をあたえ、人民には希望と楽観をあたえて彼らを沸きたたせた。

当時の奉天（瀋陽）解放速報は次のようにつたえた。

「過去一週間の戦闘で国府側はアメリカ式訓練と装備を身につけた二〇万以上の兵力および数十万の地方軍

を失っただろうといわれる。国府側は『アメリカ化部隊』三六個師団のほとんど全部を失ったのである。

中国東北戦線における国府軍はこの人的、物的損失のほかに、奉天陥落によって中国人民解放軍に全中国で最大の『兵器廠』を提供したことになると、ＡＰ通信の現地報道はつたえた。南京二日発ＡＰ通信は、当地の権威ある消息筋によれば、として人民解放軍の奉天占領は一日午後三時（奉天時間午後五時）に完了し、奉天守備の国府主力部隊は人民解放軍が入城する前に降伏し、国府満州司令官・衛立煌将軍とその他の高級将校らは、戦線を捨てて飛行機で北平（北京）に逃亡したとつたえている。」

「労働新聞」一九四八年一一月五日付けは「国民党政府総辞職」の見出しで次のように書いた。

「南京四日発ＡＰ通信によれば中国国民党政府行政院は全員会議を招集した結果、総辞職を決定した。

……」

また「労働新聞」一九四八年一一月一四日付けは東北地方の完全解放と関連して、当時陝北にあった新華通信が、悲観の雰囲気につつまれた蒋介石の有様と、東北解放の意義について次のように報道したとつたえた。

「蒋介石政府崩壊の危機
陝北から新華通信が次のようにつたえている。

中国人民解放軍が東北地区を完全に解放した偉大な勝利は南京政府を震撼させている。……

アメリカ製武器で武装した三個兵団を東北で喪失した蒋介石は一〇月三〇日、北平から急遽南京入りし、その日の午後に高級助手たちを自邸に集めて緊急会議をひらいたが、同会議はこれまでに見られなかった陰鬱な空気につつまれた。蒋介石は平素の楽観的な発言を捨てて、現下の軍事情勢は対日戦争終結以後に生じたもっとも重大な情勢だと述べた。

蒋介石は、東北における政府の状況はひじょうに悪く、それが崩壊するか否かは今後三ヵ月以内に決まるだろうといった。彼はこれからの三ヵ月間はもっとも厳しい期間だと自認し、政府が今後の三ヵ月間を克服できるかどうかについては自信を表明しなかった。

彼はもっとも陰鬱で悲観的な声で演説した。……

ここにきて米英仏人たちは北京、大連からみな逃げ出し、蒋介石を支援していたアメリカ軍事顧問は自殺した。蒋介石が軍事支援を要請したのに対しアメリカ人は『アメリカに行って骨休みでもしたらどうか』と言って拒絶した。」(「労働新聞」一九四八年一一月一四日付けの記事)

逃走は許さぬ 営口港解放戦闘

営口は敵の海上基本補給路で、軍事戦略上重要な意義をもっていた。営口港はすでに一九四八年六月、朝鮮人部隊である独立四師によって一次打撃をうけ、増援補給基地としての役目は果たせなくなっていた。しかしなお、遼瀋戦役において営口港は敵の重要な退却路のひとつであった。錦州が我が軍に握られたのち、営口は敵が希望をつなぐ唯一の最後の脱出路となった。営口港を完全に解放せねば、数万名の国民党敗残兵を取り逃がすことになりかねなかった。

一九四八年一一月二〇日、営口解放作戦が開始された。

瀋陽包囲戦を終えて、敵を掃討しながら営口方面に進出した七縦隊二〇師は、一四時間で二四里を強行軍して営口に到着した。到着時にはすでに、埠頭にいた敵まで基本的に掃滅され、軍艦三隻が港を抜け出そうとしていた。

最初に到着した歩兵が三面から重機関銃と軽機関銃で、逃走する軍艦に集中射撃をあびせたが駄目だった。歩兵のすぐ後に到着した七縦隊直属朝鮮人砲兵大隊の砲長・鄭元太はすばやく砲を展開し、一発めは軍艦の進路前方に着弾させて威嚇した。次は艦の左右の脇に水柱が立つようにした。これを反復した。敵は観念して白旗をかかげた。砲長・鄭元太は砲弾で敵艦三隻を拿捕した。一万余名の敗残兵が両手を挙げて甲板から降りてきた。その中には、軍団長級将官八名をふくむ五〇〇余名の将校たちもふくまれていた。

このように砲長・鄭元太は、ここでまたも大功をたてた。

敗残兵たちが最後の望みを託していた営口まで東北人民解放軍によって解放された。蒋介石の運命はまさに、西山落日となった。

東北解放戦争における中国共産党軍の勝利、これは中国の共産主義者と人民が流した血とともに、金日成主席の卓越した戦略戦術的助言と、我が朝鮮人たちが主席の教えを実践するために流した、神聖な血の代価であがなった尊い結実であった。

第七章　支援は全国解放の日まで

一九四八年一一月、中国東北地方の最大都市であり蒋介石国民党軍の総司令部がある瀋陽が解放されて、東北解放戦争は中国共産主義者の勝利に帰した。

日本帝国主義の敗北後、血の代価として得られたこの勝利は、じつに巨大な歴史的意義をもつできごとであった。いまや、最後まで押しまくって全中国を解放し、共和国創建を宣布すべき課題が浮上した。

一九四八年一一月から東北人民解放軍は中国人民解放軍第四野戦軍と改称した。中国人民解放軍主力部隊の一つである第四野戦軍は瀋陽解放についで山海関を解放し、万里の長城をこえて中国関内に進撃を開始した。朝鮮人諸部隊は第四野戦軍に所属していた。

彼らが関内に入ってまず遂行した作戦は平津戦役とよばれた。

平津戦役とは北平（北京）、天津、張家口一帯の敵を掃滅する作戦をさす。この作戦は一九四八年一二月五日から一九四九年一月三一日まで行われた。

当時、傅作義が国民党軍六〇万名をひきいて北京、天津、張家口一帯に堅固な防御陣をしいていた。

第四野戦軍は機械化部隊の戦車、装甲車、各種の砲に守られながら破竹の勢いで関内に進撃し、華北野戦軍との共同作戦で北京と天津の敵を孤立無援の状態におとしいれた。

こうしておいて、最初の打撃を天津に加えた。天津は大きな城壁に囲まれた大都市だが、射界清掃をして城壁の外には家屋ひとつなかった。敵は城門に鉄条網を張り、多くの砲台をきずき、城壁の外側には深さ六メートル、幅五メートルの濠をほって海水を引き入れ、さらにその外側を地雷原にし鉄条網をめぐらした。敵は天津をいかなることがあろうと渡さないと豪語していた。

この頃の解放軍の武力は、東北解放戦争の時分とは比べものにならないほど強化されていた。戦闘方式においても、長期間包囲して敵を疲弊させたのち、爆薬を抱いて敵の砲台を破壊するというやり方でなく、強力な砲撃と機械化部隊の援護のもとになされる全面攻撃を主としていた。つまり、持久戦から電撃戦に移行したのであった。

一九四八年一二月中旬、解放軍は天津を包囲して降伏を要求したが、敵は拒絶した。解放軍は一九四九年一月一四日、各種口径の数千門の砲で一斉射撃をくわえたのにつづいて歩兵が進撃を開始した。このとき、朝鮮人の大部分は砲の照準手、あるいは戦車や自動車の運転手として活躍した。

解放軍の強力な砲火力と数十万の歩兵の総突撃におびえ、敵軍は逃走または投降した。我が軍は敵一三万名を掃滅して、一九四九年一月一五日天津を解放した。

張家口は天津解放の前に解放された。

天津、張家口が解放されると北京防衛総司令・傅作義は一九四九年一月三〇日、三〇万にのぼる自らの部隊をひきいて投降した。北京は無血解放された。

平津戦役で中国人民解放軍は敵五二万名を殺傷または捕虜にした。このほかに華東地方でも一九四八年一一月六日から翌年一月一〇日までの間、淮海戦役を展開し敵五五万五千名を掃滅した。こうして揚子江以北の地域は完全に解放された。

この時期に至って第四野戦軍内に、揚子江以南に進出する問題について思いがけない噂がひろまった。地形や自然環境が余りにも違うので「南方に行けば東北育ちの人間は生きて帰れない」といって、一日に数百人もの脱走者がでた。

蒋介石国民党軍が、朝鮮人のために東北を追い出されたと悲鳴をあげながら揚子江以南に算を乱して逃げこみ、いまや彼らの滅亡が目前に迫っているという、まさにその時に、こういう問題がもちあがったのである。これをいかに解決するかは、中国共産党にとって深刻な問題であった。

全中国解放の戦いで第四野戦軍が中核的な主力部隊の一つであり、またそこで朝鮮人が突撃隊の役割をはたしている。したがって、朝鮮人部隊が中国革命を最後まで支援することは、中国人民の解放戦争を勝利させるうえで重要な意義をもつものであった。

中国共産党は討議のすえ、王效明(34)を我が国に派遣した。

一九四九年二月王效明は、我が国が中国の解放戦争を最後まで支援してくれるよう要請するため平壌にやってきた。

王效明は金日成主席に、東北解放戦争に物心両面で支持声援してくれたことにたいする中国共産党と人民の感謝をつたえ、中国の全国解放戦争で提起されている諸問題を率直に述べた。

主席は彼の話を注意ぶかく聴いたあと、中国革命を支援するのは朝鮮の不変の立場であることを明らかにし、中国側の要請にこころよく応じた。

(34) 王效明は日本帝国主義敗北以前、シベリア極東基地で朝中ソの武装力が編成した国際連合軍の時期に金日成主席とともに戦った。日帝敗北後は吉林衛戍司令部副司令、延吉軍区司令員、東北野戦軍第一一師団長、砲兵第六師団長、一九五〇年以後は海軍砲兵学校長として活動した。

王效明は、つねに変わらぬ主席の支援にかさねて謝意を表し、その足で鴨緑江を越えていった。

翌日、主席は朝鮮人民軍の責任幹部のひとりを呼んで、中国人民解放軍の軍事活動と戦況について説明したあと、早く天津に行って朝鮮人諸部隊が中国人民の解放戦争を最後まで助けてから祖国に帰ってくるように、という命令をつたえよと指示した。

責任幹部はただちに鴨緑江を越え、朝鮮人諸部隊が駐屯している天津に急行し、主席の命令をつたえた。そして、東北解放戦争のときと同様に、中国の全国解放戦争においても勇敢無比に戦って金日成主席の期待と要求、そして中国共産党の信頼に応えてから帰国せよと鼓舞激励した。

主席の命令を伝達された朝鮮人諸部隊は気を引き締め、中国全国解放のためふたたび奮戦する決意をかためた。朝鮮人諸部隊は、きびしく険しい三千余里の南下行軍を開始した。

彼らは暑さと、体質にあわない水と風土、マラリア、下痢などの疾病に打ち勝ちながら毎日四〇キロも行軍し、敵と戦いながら揚子江を渡って海南島まで行った。そして数十回の戦闘のすえ河南省、江西省、広東省、湖南省、広西省、貴州省を解放し、北京の天安門広場に五星紅旗をひるがえした。

中国本土に進出し揚子江渡河作戦

金日成主席の教えを胸に刻んで朝鮮人部隊と朝鮮人たちは、蔣介石国民党軍を最後まで掃滅するため、まず軍内で進められていた「整風運動」で模範を示した。

「整風運動」では、中国革命を最後まで助けよという主席の教えの内容を学習し、解説談話もした。解説談話では古代ギリシャの寓話も引用された。

あるお百姓さんが、冬の寒さでカチカチに凍った蛇を見つけ、可哀そうに思って懐で温めてやった。やっと甦った蛇はしばらくおとなしくしていたが、その悪い性根を捨てきれず、やがて恩人に噛みついた。蛇に噛まれたお百姓さんは死ぬまぎわに「私は悪い奴を哀れに思ったばかりにこんな目に遭った。自業自得だな」と言った。

この寓話は、奸悪無道な敵は最後まで掃滅しなければならないことを教えるものであった。

部隊では「整風運動」とともに「評功運動」も推進した。平津戦役で発揮した朝鮮人たちの功績を高く評価し、一部の人たちには観光団に参加させ、北京の故宮博物館や白塔、北海公園、天安門、万寿寺などをはじめいろいろなところを参観させた。このように政治思想教育を進めてから、第四野戦軍は揚子江戦線へと出発した。

朝鮮人諸部隊は二手にわかれて南方に進撃した。ひと手は北京を包囲していた第四野戦軍一三兵団四七軍に属する朝鮮人部隊、もうひと手は天津解放戦闘に参加した第四野戦軍一五兵団四三軍の朝鮮人部隊一五六師をはじめ、一五兵団の三八軍、四〇軍、四四軍、四九軍に属する朝鮮人諸部隊であった(35)。一五六師をはじめとする一五兵団の朝鮮人諸部隊は天津解放戦闘に参加したあと、三月二三日に天津を出発して黄河を渡り開封、許昌をへて七月に荊門へ到着した。

このとき中国共産党から、朝鮮革命のために、朝鮮人部隊の兵力損耗を防げとの指示が下り、朝鮮人は砲兵隊や警衛隊または兵站部に配置され、最前線での戦闘をせずに揚子江岸まで到着した。

一三兵団四七軍所属の朝鮮人諸部隊は、一九四九年四月北京を出発して平漢路とその西側に沿って武漢西

(35)　当時、中国には野戦軍の下に兵団、兵団の下に軍（軍団）、軍の下に師（師団）、その下に団（連隊）、営（大隊）、連（中隊）、排（小隊）、班（分隊）があった。

部地区にむかった。毎日三〇～四〇キロずつ南進、五月に河南省新郷を包囲し国民党軍一万七千五〇〇余名を投降させた。七月には宜昌を解放し、黄金区では敵の砲兵大隊を掃滅して中型迫撃砲一二門をろ獲、敵兵一〇〇余名を捕虜にした。

一三兵団四七軍の砲兵連隊は華北野戦軍をたすけて、閻錫山〔中国国民党軍閥の頭目のひとり〕の巣くつである山西省太原を解放する戦闘に参加した。

一三兵団の南方進出は、黄河を渡るあたりから険しくなった。黄河を渡る途中、砂の泥ぬまに馬車や馬、人までがはまって死ぬことが多かったが、朝鮮人部隊が先頭に立って道をひらいた。

一三兵団は黄河を渡ってから開封、許昌、安陽をへて三ヵ月めに荊門に到着した。そこはすでに一五兵団が解放した地域だったので戦闘はなかった。

南方に進むにつれ、暑さに加えてほとんど毎日降る雨のため服を乾かすことができず、とりわけ食事が口に合わないので朝鮮人部隊員の辛さは一通りでなかった。

開封から南では小麦粉が主食で、毎食七～八個ずつマンドゥを食べたが、一週間がすぎると見るのも嫌になって一日一個も食べられなくなった。マンドゥを水で炊きなおしたり、ほかの食べ物も食べてみたが食欲が出ず、一ヵ月もたつと戦士たちの健康が悪化しはじめた。

そのうえ、長期間の行軍と戦闘をつづけたので神経がいらだち、仲間内のいさかいなどがみられるようになった。

朝鮮人諸部隊はこのような精神的、肉体的苦痛を克服しながら三ヵ月もの強行軍のはてに揚子江一帯に到着したのだった。

蒋介石は中国人民解放軍が黄河を越えて南進を開始するや、アメリカの指図で中国共産党に和平会談を申し入れてきた。

米帝国主義者は中国共産党に、揚子江を境いにして中国を分割統治しようという折衷案をもちだした。そして、もしも自分たちの要求が入れられなければ「原子爆弾をつかう」とか、資本主義諸国を総動員して武力干渉をするなどと威嚇する一方、自分たちの案を受け入れれば、二〇億ドルの無償援助を提供しようという懐柔策もちらつかせた。

中国共産党は米帝と蒋介石国民党のたくらみを看破し、それを粉砕するために和平会談に臨むことにした。一九四九年四月から共産党代表・周恩来と国民党代表のあいだで会談がおこなわれた。

和平会談をしながら蒋介石国民党は、揚子江一帯に武力を増強し堅固な防御陣を構築した。中国人民解放軍は揚子江一帯に数百万の大軍を配置し、渡河準備をいそいだ。だが、中国人民解放軍には船もなければ渡河資材もなかった。揚子江渡河はきわめて困難な作戦とならざるを得なかった。

中国人指揮員たちは朝鮮人部隊に、命令というよりは依頼という形で、あなたがたはこれまで全ての突破口をひらいたが、こんどの渡河任務もこれまでのようにやろう、と言ってきた。朝鮮人部隊指揮員たちは、これもまた金日成主席が意図し期待するところだと言って要求を受け入れ、決死隊を募って揚子江渡河作戦を保障することにした。

揚子江渡河作戦は団風戦闘から始まった。

武漢から東方に約五〇キロ離れたところにある団風鎮は、第四野戦軍の重要な渡河地点のひとつであった。

第四野戦軍の先頭に立って南方に進出した一五兵団は、国民党軍が揚子江防御陣を強化するすきを与えないために、野戦軍主力が揚子江岸に勢ぞろいするのを待たず、ただちに団風－武穴間の約一〇〇キロにわたる戦線で強行渡河作戦を敢行した。

先頭部隊は一九四九年五月七日頃に揚子江以北の戦闘区域に入ったが、一五兵団四三軍の朝鮮人部隊一五六師は新州－淋山河一帯で戦闘命令を待った。

国民党軍は、揚子江北岸に配置していた二六軍を揚子江以南に撤退させ、揚子江以北には八個大隊だけを残して解放軍の動きを偵察させるとともに、北岸の船を拉致して南岸に引っ張っていき、我が軍の渡河作戦を破綻させようとした。

一五六師は四六六連隊に命じて、団風に駐屯している敵軍を奇襲掃滅させ、敵の手中にある船舶をそっくり奪取した。このときの奇襲戦闘で四六六連隊は二分で一号埠頭を爆破し、六分で埠頭を占領した。ひきつづき迅速円滑な戦闘をすすめ、一時間あまりで敵の障害物と永久火点を吹き飛ばし、団風作戦の任務を完遂した。この戦闘で敵五〇〇余名を掃滅し重機関銃、軽機関銃あわせて二〇丁、歩兵銃四五〇丁、船舶七〇隻をろ獲した。ほかにも、揚子江南岸の敵を攻撃して三〇〇余隻の各種の船をろ獲し、第四野戦軍の渡河を迅速に保障した。

この戦闘で八名の戦闘英雄が出たが、李順任は二度めの英雄称号をうけて二重英雄となった。

一方、一五六師の朝鮮人勇士たちは、揚子江南岸にあった敵艦四隻を奪取するため最初は連隊長、大隊長をはじめ泳ぎのうまい人たちを選んで派遣したが、敵に発覚してみな犠牲となった。ふたたび夜陰に乗じて七七名を渡河させた。そのうち一四名が敵艦にのぼって、寝返らせるのに成功した。

解放軍が艦船を利用して揚子江を渡ると、敵一個軍団はすすんで投降し、残りの二個軍団も退路をふさがれて反突撃されると投降した。

第四野戦軍四四軍一三一師が担当した区域でも、朝鮮人戦闘員六〇余名が木造船に乗り、櫓がないので手で漕いで河を渡り友軍の進撃路をひらいた。ある部隊では牛の小便桶を数百個あつめ、それを二個ずつ首にかけて渡河、敵の複数の火点を破壊して突撃路を開いた。他の地域でも朝鮮人は大部分、砲の照準手として敵の火点に命中させ、渡河地点を確保するのに大きく寄与した。

第四野戦軍一三兵団四七軍の一三九師、一四〇師、一四一師に属する朝鮮人諸部隊は揚子江を渡ってから、一二兵団とともに湖南省長沙市を半月形に包囲した。そして二つの兵団の朝鮮人部隊が主力となって、衡陽以南に進出した結果、長沙の国民党軍は唯一の退路が遮断されたので八月四日、一個軍団司令部と三個軍団、九個師団、三個保安連隊を含む長沙のすべての敵は解放軍に投降した。

こうして湖南省長沙市は平和裏に解放された。

長沙市を解放した四七軍の朝鮮人諸部隊は四川省にむけて進撃した。国民党軍一四兵団と二〇兵団の一一万名は人民解放軍四七軍を攻撃し、逆に手痛い打撃をこうむった。そこで敵は湖南省西部の険しい地勢と揚子江、烏江の天然要塞に拠って防御線をきずき、四川省に進撃する解放軍をはばもうとこころみた。

人民解放軍四七軍司令部では一三九師の朝鮮人部隊に、湖南省西部へ進出する関門ともいえる大庸県の県庁所在地を占領せよとの命令を発した。一三九師の朝鮮人部隊戦闘員たちは暑いさなかに高い山の峰をこえ、土匪や敗残兵と戦いながら強行軍で夕方大庸に到着、敵にたいする総攻撃を開始した。国民党一二二軍団長以下二千余名を掃滅し、大庸県の県庁所在地を解放した。

大庸戦闘後一三九師、一四〇師、一四一師の朝鮮人部隊は敵を追撃し黒水戦闘、木根浦戦闘、木洞場戦闘をくりろげて数千名の敵を掃滅した。四川省に進出したあとは毎日五〇キロずつ山道を行軍して柏渓場、白馬など七ヵ所で一七回の大小戦闘をおこなった。これらの戦闘で国民党軍の高級将校たちをふくめ四千八〇〇余名を捕虜にした。

さらに朝鮮人諸部隊は、一九四九年一一月三〇日に重慶解放戦闘に参加した。中国人民解放軍第二野戦軍司令員・劉伯承は、重慶解放戦闘で手柄をたてた四七軍の諸部隊全戦闘員に銀貨二枚ずつ、指揮員たちには銀貨四枚ずつ授与して表彰した。中南軍区総部では四七軍を集団表彰した。もともと重慶解放の任務は中国人民解放軍第二野戦軍に与えられていたのだが、第四野戦軍四七軍の朝鮮人諸部隊が助けてくれて勝利したため、非常に大きな感謝の意をこめて表彰したのであった。

重慶解放戦闘で中国人民解放軍部隊とともに朝鮮人部隊は、国民党軍の連隊長クラスの将校一九名をふくむ七千四八三名を殺傷または捕虜にし、無電機五台、無線電話一台、望遠鏡五個、軍馬一八〇匹、自動車九台、各種弾薬三〇万七千二九一発、手榴弾五八五個、歩兵銃二千七八六丁、軽機関銃二六一丁、重機関銃一〇丁、擲弾筒一四丁、六〇ミリ砲三五門、迫撃砲一四門、機関砲八門、高射砲八門をろ獲した。

朝鮮人諸部隊はこのように、揚子江を渡って南進しつつ赫々たる戦果をあげ、解放地域人民たちを新たな生活へとみちびく政治活動においても大きな功績をあげた。

揚子江以南地域の安全を守って

北方に住んでいた人たちが揚子江以南の地域に行って、実際の戦闘よりも苦しめられたのは自然地理的条件との「戦闘」であった。

南方の蚊に刺されるとマラリアにかかるが、刺されること自体が蜂に刺されるほどの痛さであった。だから休息のときも蚊帳《かや》が必要であった。

暑いのでのどが渇く。辛抱できずに、うっかり生水でも飲もうものなら必ず下痢をおこす。このため、東北からきた部隊はじつに苦労が多かった。

おまけに村を解放しても、国民党軍に反共宣伝を徹底的に吹きこまれた住民たちは、人民解放軍をさけて逃げ出す始末であった。

朝鮮人諸部隊はそんなとき、金日成主席が抗日武装闘争時期に実践した模範にならって、空き家であっても家の庭を掃き、家のなかに入らず外で寝、水甕を満たしてやった。池炳学をはじめとする抗日闘士たちは、日頃から主席の高邁な人民的作風について朝鮮人部隊の戦士たちに語り、彼らを導いていた。

解放軍の様子を隠れてじっと窺っていた村人たちは、国民党軍がウソをついていたらしいと分かってあちこちから姿を現し、湯をわかしたり食べ物をもってきたりして歓迎した。

だがしかし、解放地区内で反動どもは依然としてうごめいていた。揚子江以南地域は歴史的に北方と対立していたので、北方人にたいして良い感情をもっていなかった。当時もなお、この地方の住民たちの間で諸葛孔明は恨まれていた。

蔣介石一味は、人民たちのこのような感情を悪用して特務網をひろげ、情報収集班、暗殺班、破壊班などを組織して解放軍に危害をくわえようしていた。国民党が組織した特務網には一〇〇万名がいるという噂がたっていた。

そのころこの地方では、拳銃から機関銃まで武器が自由販売されていた。多くの武器が悪質な反動どもの手に渡って、解放軍部隊が多くの被害をこうむった。

反動どもは、無知蒙昧な現地住民を扇動して解放軍哨所を拳銃、槍、刀などで襲撃させた。分隊、小隊が移動するときは途中で待ち伏せして奇襲するので、うっかり出歩くこともできなかった。とりわけ広西省を通過するとき、解放軍は試練をへた。

南方地帯にはミャオ族、イ族、トン族など多くの少数民族が分散居住していた。広西省にはミャオ族が約三〇〇万ほど住んでいた。政権もなく、飛行機や自動車を見た人もいなかった。ミャオ族はもち米で粥を炊いてたべ、大事な客にはネズミを炒めた料理でもてなした。そこでは銀貨一枚で豚肉をまるごと一頭買えた。よそだったら、豚肉二キロしか買えない金額だった。

貴州省には、そのようなミャオ族とともに、女性が集団で男性を拉致する種族が三〇万名ほどいた。数の少ない男性たちは、女性たちに捕まらないよう集団で洞窟にかくれ住んでいた。

蒋介石反動どもはこれらの種族に、解放軍に敵対するようデマ宣伝を吹きこんでおいたので、彼らは我が軍の兵士たちにためらいもなく襲いかかった。あちこちで解放軍兵士が射殺され、行方不明になり、火事がおきるなど重大事故があいつぎ混乱が生じた。

このときも朝鮮人たちは規律をよく守り、犯罪者を捜索して処断する一方、政治教育活動をおこなって地域を平定し、人民政権を樹立するのに先頭に立って働いた。

南方には先祖代々、略奪で暮らす常習土匪集団もいた。湖南省、貴州省の境界地帯のあちこちに、こういうやからが数百人ずつ固まって住んでいた。彼らはいかなる政権の統治もうけいれず小王国をつくっていたが、農業を営みながらも周辺人民の財産を略奪し気ままに暮らしていた。

第四野戦軍四七軍の主力部隊は四川省から湖南省西部地区にもどってきて、土匪粛清をしていた一四〇師と合流した。そして一三九師は源陵に、一四〇師は会昌に、一四一師は寧都に、それぞれ軍区を設置し土匪粛清に着手した。これらの土匪集団は蒋介石国民党政府が三〇年以上もかかって、ついに粛清できなかった連中である。

広西省にいた国民党軍閥・白勝会は我が軍に追われて逃走する途中、この地の土匪たちにたくさんの任命状と多くの武器をあたえて、国民党軍が反攻するまで「敵後方遊撃戦」をやれと命じた。土匪集団は、湘西北部と南部の複雑な地形を利用して解放軍と長期的に対抗するつもりであった。

当時、湘西地区の二三県には大小土匪集団が八万余名もいた。彼らは地理的に有利な地点を占めていたので、掃滅するのが非常に困難であった。

湘西地区のこれら悪質土匪集団を掃討するのに朝鮮人諸部隊は勇敢に戦い、「東北の虎」と呼ばれた。一四一師と一三九師の朝鮮人部隊は中国人民解放軍とともに八面山と水源地区の麻陽、鳳凰の敵を掃滅して二つの県を取り戻し、その後、土匪集団を襲撃して千余名を掃滅した。

四七軍の朝鮮人諸部隊は、三ヵ月間で九回の大きな戦闘をおこない九千名の土匪を掃滅した。なかでも永順県の土匪を掃討したのが代表的な事例といえよう。永順県には、四方が絶壁となっている高原地帯の自然要塞に土匪の巣くつがあった。そこでは数百戸の土匪が部落をつくり、年寄りと女性が野良仕事をしていたが、主に青壮年が集団で武器をもって略奪してきた物で生活していた。

彼らの巣くつに入ろうとすれば、唯一の通路である洞窟内の水路を船で行き、途中で人ひとりがようやく抜け出られる洞窟内の道をよじ登らねばならなかった。ところが、洞窟の入り口には土匪たちが機関銃をすえて待ちかまえているので、誰も近づけなかった。

朝鮮人部隊である一四一師四二二連隊の戦闘員たちは考えぬいたあげく、どこからか硫黄を手に入れて敵をいぶり出し、防毒面をかぶって洞窟を通り土匪の巣くつに入っていった。

土匪部落に入ってみると若い者はみな逃げてしまい、年寄りと子供だけが残っていた。年寄りたちは反抗的で、土匪たちがどこへ逃げたか訊き出せなかった。

朝鮮人部隊は、無知蒙昧にくらしてきた彼らに共産党の政策を知らせてやり、米や布地を分けてやり、辛抱づよく説得した。その結果、土匪暮らしをしていた若者たちがもどってきて新しい生活を始めるようになった。

第四野戦軍四三軍の朝鮮人部隊一五六師は、揚子江を渡河したのち国民党軍を追撃しつづけ、五月二二日に江西省南昌市を解放する戦闘に参加してそこにとどまり、江西省衛戍任務を遂行した。彼らは発電所、食糧倉庫、水道局その他の設備と物資を国民党軍の特務と敗残兵の破壊謀略策動からまもり、工場が生産を再開するようにした。そして、到るところで暴れる土匪集団を掃討して部落から一切の武器を回収した。

一五六師は、ついで三千余名の朝鮮人部隊指揮員と戦闘員を派遣し、農村地域を完全に解放した。

第四野戦軍一三兵団三八軍、四九軍に属する朝鮮人諸部隊も山海関をこえて数十回の戦闘をくりかえしながら河南省、江西省、広東省、湖南省、広西省、貴州省をつぎつぎに解放するのに大きく寄与した。四〇軍、四四軍に所属する朝鮮人諸部隊も揚子江をこえて海南島まで進撃した。

内戦最後の戦闘、海南島解放

一九四九年一〇月一日、中華人民共和国は創建されたが、国民党残余分子のしゅん動は完全に終わってはいなかった。敵を最後まで掃滅するため、朝鮮人部隊は中国人民解放軍とともになおも進撃をつづけた。

中国で台湾についで大きい島・海南島は南シナ海の関門である。一九四九年一二月、広東省と広西省が解放されると中国大陸は基本的に解放された。広東省と広西省で生き残った国民党残余分子らは先をあらそって海南島に逃げこんだ。

蒋介石は海南島防衛総司令として薛岳を任命し歩兵師団一九個、海軍艦船五〇隻、空軍四個大隊三〇余台の飛行機をはじめ一〇余万名の兵力で「陸海空立体防御体系」を立て、「不落の要塞」と称した。

国民党軍は海南島を長期的に占領し、中国本土への反攻の拠点にするつもりであった。彼らは毎日のように軍艦と飛行機で沿岸都市や村を砲爆撃した。

第四野戦軍司令部は、海南島解放の戦闘命令を四〇軍と四三軍に下した。

四〇軍には朝鮮人砲兵隊があった。この砲兵隊は金日成主席が朝鮮内で組織して東北解放戦争に送りこんだ連隊だった。初めのうちは山砲で多くの戦闘をしたのだが遼瀋戦役、平津戦役から桂林と南寧にいたるまで数十回の大きな戦闘をするうちに敵の武器をろ獲し、この時期にいたってはアメリカ製の五七式野砲、三八式野砲、一四連式野砲など現代的武器を装備していた。

このころ同砲兵連隊は、幾つかの大隊に再構成されていた。広西省を解放したのち、広州にきて第四〇軍直属になった砲兵大隊は、一五〇名の中隊二つから成っていた。

この砲兵大隊は、広東省の雷州半島で海南島解放作戦に参加することになった。砲兵大隊の任務は、木造船にのって敵の飛行機、軍艦と戦いながら歩兵の渡海上陸作戦を援護することであった。

当時、中国人民解放軍は海軍も軍艦も、空軍も飛行機ももっていなかったし、海上戦闘の経験もなかった。

朝鮮人砲兵大隊員はまず、水上戦闘訓練にとりかかった。彼ら全員が朝鮮北部地帯か中国東北地方の育ちで、そもそも海というものを見たことがなかったし、泳ぎもできないのがほとんどだった。船に乗ったこともないので船酔いに悩まされた。下痢とマラリアにも悩まされた。

それでも彼らは、最後まで中国革命を助けよという金日成主席の教えを胸に刻み、歯をくいしばって猛訓練にはげんだ。日の出前から夜おそくまで風浪のなかで櫓こぎ、水泳、浮き橋渡りの訓練をつづけ、ついに海上作戦ができるようになった。

彼らは経験のある船頭たちをさがしだして竹で船を編む方法を学び、帆を掛け、大砲を積んだ。こうして一二隻の竹製大船ができあがった。

竹製大船一隻に三四名が乗り山砲一門、五七式野砲、三八式野砲各一門、高射機関銃二丁、水圧式重機関銃二丁、軽機関銃三丁を据え、帆は四枚を掛け、自動車エンジンを設置した。

砲兵大隊員たちはすべての準備を終えると、月夜に海上実戦演習をおこなった。演習はうまくいった。うれしさのあまり、砲兵大隊員たちは自らを中国人民解放軍の第一代海軍だと自慢した。

一九五〇年四月一六日、出陣を前に四〇軍司令部では、徐聞市の沖合いで上陸部隊の歓送大会をひらいた。中国人民解放軍総司令・朱徳が第四野戦軍におくる祝賀文を伝達し、紅い地に「風浪をかき分け勝利に向けて前進せよ！」と書いて雷州半島人民から贈られた旗が朝鮮人砲兵大隊に贈呈された。

つづいて竹でつくった五〇〇余隻の船に歩兵が乗り、その左右を朝鮮人砲兵大隊が乗った一二隻の竹製大船が護衛し、夕方六時三〇分に出発した。

約二〇分航行したとき空中に照明弾が上がり、国民党軍の飛行機と軍艦の砲爆撃が襲ってきた。

朝鮮人砲兵大隊は竹製大船を敵艦の背後にまわし、不意に猛烈な砲火をあびせた。びっくりした敵艦は逃走した。敵艦が逃走した後、砲兵大隊は上陸部隊とともに夜陰に乗じてて矢のように海南島にむかった。海南島の海岸を守っていた敵艦が、我が方の上陸部隊を発見するや艦砲射撃をはじめた。朝鮮人砲兵大隊は一二隻の竹製大船に据えてある三六門の各種砲で、敵艦と海岸防御施設を一つひとつつぶしていった。つづいて歩兵をのせた五〇〇余隻の船が海岸に到着した。歩兵は朝鮮人砲兵大隊の援護のもとに上陸するや、破竹の勢いで国民党軍を攻撃した。

これに先立ち、砲兵大隊ではすでに三月二六日の夕方に、四〇軍の朝鮮人砲兵分隊長である李余吉と李昌基を一個砲兵分隊とともに、先発隊として海南島へ秘かに送り込んでおいた。こっそり臨高山を占領すれば、我が軍の上陸作戦がやりやすいだろうという計算であった。

彼らは帆船にのって南江ふ頭を離れ、海南島の林詩港と紅牌港の間の海岸に秘かに上陸した。夜が明けて敵が彼らを発見し、大砲を撃ち飛行機で爆撃したが、先発隊は強行軍で五指山に潜入した。

四月一七日早朝、解放軍主力部隊が海南島に上陸するころ、彼らは臨高山のふもとに到着した。臨高山を占領することは臨高県城の敵軍を牽制し、我が軍部隊の海南島上陸を成功させる鍵であった。臨高山は南側に臨高県城があり、北側が海になっている山だが、海南島の海口市西側にある二〇里海岸では一番高い山だった。

臨高山の戦略的意義をよく知っている国民党軍は、五門の野砲と歩兵二個中隊をそこに派遣して堅固な防御施設をきずき厳重に警戒していた。

二人の分隊長は四月一七日払暁、砲兵分隊をひきいて山頂によじのぼり、敵の歩哨を不意打ちで倒し、機関銃と手榴弾で堡塁のなかの敵兵をやっつけ、二〇分で砲陣地を占領した。彼らは砲陣地を占領して、敵が残していった六〇〇発の砲弾で野砲を撃とうとしたが、距離と角度を測る器具があるだけで、照準鏡がみあたらなかった。

解放軍主力部隊はすでに上陸を開始したものの、敵が海岸と三隻の軍艦から抵抗したので順調にいかなかった。

これをみた砲兵分隊長らは、考えたあげく角度と距離をはかる器具で距離を計測したあと、目測で照準して砲撃しはじめた。最初の一発は敵艦の近くに落ちて水柱をあげた。連続して一〇発を撃った。着弾はますます敵艦に接近した。

一番近くにいた敵艦が怖くなって逃げだした。それをみて他の二隻も逃げた。砲兵分隊が敵艦を制圧したので、我が軍の大部隊が上陸した。

臨江県城を守っていた一個連隊の敵は、我が軍の攻撃をうけると南門から逃走しようとした。それをみた我が砲兵分隊は砲口の向きを変えて撃ち、彼らをふたたび県城のなかへ追いこんだ。

夜がおとずれた。日中激しい戦闘をした戦士たちはぐっすり寝こんだ。しかし二人の分隊長は寝ることができなかった。照準鏡がなくて敵艦を逃がしてしまったのが悔しくてならなかったのである。砲陣地の内外をくまなく探し、ついに石ころのあいだに照準鏡をみつけた。

翌日も戦闘は激しかった。我が軍部隊はぞくぞくと上陸し、敵は反撃にでて三度も包囲網を突破しようとこころみた。

照準鏡を手に入れたあと、砲兵分隊の弾はほとんど百発百中だった。砲弾が指揮部を壊滅させると、敵はついにあきらめて白旗をかかげた。

砲兵分隊は敵が残していった六〇〇余発の砲弾を撃ちつくし、ほかの陣地に敵が残していった三〇〇余発の砲弾まで探し出して撃った。臨高山に陣どった砲兵分隊の一週間にわたる活躍が、我が軍主力部隊の海南島作戦を成功裏に保障した。

一方、上陸部隊の護衛任務をはたした砲兵大隊の一二隻の竹製大船は、帰還する途中敵艦四隻と遭遇した。激戦の末、一隻を撃沈し、残りは逃走した。敵艦に命中弾をあびせた射手趙燦洙と副射手金同志は、敵弾にあたって壮烈な戦死をとげた。

このときから、中国人民解放軍と中国人民のあいだに、朝鮮人部隊が竹の船でアメリカ製の新鋭軍艦を撃沈したという話が神話のようにひろまった。

海南島が解放されてから趙燦洙に戦闘英雄称号が授与され、彼が乗っていた船は「趙燦洙号」と名づけられた。そして、あらかじめ臨高山に登って我が軍の勝利を保障した李余吉と李昌基に、大功賞状がそれぞれ授与された。

四〇軍一一八師三五四連隊一大隊基準砲中隊砲兵分隊金基南は、海南島上陸のために海を渡るとき夜を徹して櫓をこぎ、敵が帆船を射撃するとおのれの体で船頭をかばった。上陸するとき、大砲一門と砲弾が海に沈んだので飛び込み、砲板と砲弾一〇発をすくい上げた。海南島に上陸したあとは、敵の火点を砲弾三発で命中させ味方の進撃路をひらいた。彼は砲弾を撃ちつくすと、敵兵の死体から手榴弾をあつめて敵をやっつけた。

朝鮮人諸部隊は、このように海南島上陸作戦で無比の勇敢さと犠牲精神を発揮して、中国人民に深い感銘をあたえた。

一九五〇年四月三〇日、海南島は解放された。中国革命はついに勝利した。

朝鮮人部隊指揮員たちと戦闘員たちはこのように、中国の南端まで駆けてゆき、炎暑とあらゆる悪条件を克服しつつ、その土地の住民らを啓蒙し、頑固な反共意識をあらためさせて新生活の道へとみちびくのに寄与し、海南島解放戦闘に参加して中国人民の解放偉業に不滅の貢献をした。

朝鮮人鉄道兵部隊のめざましい働き

中国革命を支援せよとの金日成主席の教えを胸に刻んで、中国東北地方の鉄道復旧と鉄道輸送の円滑な保障においても、朝鮮人部隊は大きな役割をはたした。

主席が送った派遣員たちは延辺民主大同盟を組織し、それを土台にして各階各層を民主主義の旗のもとに団結させ、中国人民を助けて経済復興、とりわけ鉄道復旧に主導的に取り組んだ。

日本帝国主義は敗走するとき、鉄道を無残に破壊した。おまけに日帝敗北直後に消滅すべきかいらい満州国の逆賊どもが、蔣介石を頼みにして延辺地区に腰をすえ、鉄道を手中におさめようと企んでいた。かいらい満州国吉林鉄道局長は、国民党の指導する吉林鉄道局維持会を設けて各地に「接収隊員」を派遣した。朝陽川地区には「監理部」なるものをつくってかいらい満州国鉄道監視員をしていた王洪雲という男を監理部長に任命した。

この男は早速、かいらい満州国鉄道警察と地方警察にいた者らを糾合して、鉄道警察隊なるものを組織した。

彼らの動きを察知した姜健同志は、延辺鉄道労働組合を結成するため鉄道労働者のなかに発起委員会をつくり龍井、延吉、図們、老頭溝、朝陽川などに人をやって準備をいそがせた。こうして一九四五年一〇月一五日、朝陽川で民主大同盟支部長二六名と代表五二名、傍聴者六一五名で延辺鉄道労働組合創立大会がひらかれた。

大会では姜健同志が祝賀演説をした。また綱領、規約が採択され、委員長、常務委員、候補委員、監察委員などが選出され、延辺鉄道労働組合委員会が構成された。

延辺鉄道労働組合は創立初日から反動勢力と闘争した。

一九四五年一一月初、労働組合総支部は三名の代表を「監理部」に派遣して王洪雲にたいし賃金を支払え、我々はあなた方を信用できない、民主的な選挙で幹部を選ぼう、などの要求を提起した。

おどろいた王は直ちに吉林鉄道局維持会にお伺いを立てた。吉林からは絶対に権限を渡してはならぬという返答がきた。

一九四五年一一月二〇日、延吉行政部会議室でひらかれた延辺人民代表大会で、姜健同志は民兵と軍隊が合同して鉄道警察隊を武装解除する案を出した。彼は夜中に、トラックと戦車に乗った武装隊をひきいて鉄道警察隊を包囲し武装を解除した。王洪雲は逃走した。延辺の鉄道は人民の手に握られた。

一一月三〇日、延辺鉄道管理局創立大会は延辺民主大同盟委員長である池喜謙を延辺鉄道管理局長に、李忠進を副局長に選出して鉄道監理委員会を組織した。

このすぐ後の一二月初め、蛟河に逃げていた王が国民党東北接収委員会の信任状をもって延辺鉄道管理局長・池喜謙を訪ねてきた。彼は自らを蔣経国の指令を受けて派遣された代表だと言い、延辺鉄道を接収すると言った。

蔣経国とは蔣介石の息子である。当時蔣経国は瀋陽にきていて、全東北地方をおのれの手中におさめようと画策していた。王は国民党の勢力が強いと信じて非常に傲慢な態度であった。

池喜謙は腹が立って、あなた方国民党はこの延辺の土地に一滴の血どころか一滴の汗すら流したことがあるのか、延辺の鉄道は延辺の人民が接収管理しているから余計な口出しはせずに、足元の明るいうちに帰った方がよかろうと言った。王は顔色が青くなったり赤くなったりしたが、結局逃げていった。

延辺の鉄道はこうして人民の手に完全に渡ったものの、復旧が大問題であった。極悪非道な日帝侵略者どもは、敗戦して逃げしなに八道溝、汪清、大興溝の鉄橋を爆破し多数の駅舎に火を放ち、給水施設を破壊した。機関車、車両、通信施設がすべて破壊された。

動かせる機関車が朝陽川と図們の両機関区にあったが、これとて修理せねば使えなかった。機関車の部品が不足していたし、機械設備が整っていず、ディーゼル油すらなく、修理がむずかしかった。だが、鉄道の主人になった労働者たちはあらん限りの力と知恵をだしあって難関を突破していった。

当時、朝陽川機関区に電動機が一台あった。機械修理工はこれにベルトを何本か掛けて何台かの機械を動かした。ディーゼル油が無くて大豆油と豚の脂に石鹸をまぜて使ったりした。

労働者たちの献身的努力で、一九四七年一月に延辺一帯の鉄道がぜんぶ開通した。だが、機関車に焚く石炭がなくて、代わりに豆を焚くこともあった。給水所が破壊された駅では井戸から水を汲んできた。

大部分の車両も破壊されたので、緊急に修理せねばならなかった。図們機関区には日本軍が捨てていった車両が何台かあったが、まともなのが見当たらなかった。車両職場には起重機はおろか、ジャッキすらなかった。車両修理工たちが車輪を取り替えるときは、みなで車両を肩でかついで取り替えなくてはならなかった。

部品は鍛冶場でハンマーで叩いてつくった。材木乾燥室がないので、労働者は風呂場に蒸気を入れて材木を蒸したあと、天日で乾かした。一九四七年「七・一」労働競争運動のなかで、「群衆号」と名づけられた最初の旅客列車が修理された。

列車が修理されたので破壊されたレール、鉄橋、トンネルを早急に復旧する問題がいっそう切実となった。一番ひどく破壊されていたのは牡図（牡丹江－図們）線であった。日帝敗北後、三道溝鉄橋が復旧され、汪清までは開通したが汪清鉄橋、大興溝鉄橋が復旧されないので寧安には行けなかった。鉄道局労働者たちは汪清鉄橋、大興溝鉄橋の修理を自力でやり遂げようと決心した。橋梁修理設備がなにひとつないのに手作業で、使用されていないレールを外し鉄路をつなげた。汪清鉄橋、大興溝鉄橋の修理を終えてから寧安鉄橋、海蘭鉄橋を復旧し、一九四六年九月になってようやく東満と北満の両根拠地が鉄道でつながった。

羅浜線は東満根拠地と北満根拠地をつなぐ鉄道であり、解放軍の進撃と後退に利用できる路線であった。

復旧に動員された労働者たちは、自らすすんで困難な仕事を買って出ただけに、黍飯《きびめし》を食べ、斧折〔おのおれ＝樹木の名〕が凍ってひび割れする厳冬のなかでテント生活をしながらも、誰ひとり弱音を吐かなかった。彼らは手と耳を凍らせながらも蛟河から天崗までの区間に電柱を立て、佳法から徐蘭までの区間のレール、鉄橋、トンネルをすべて復旧した。

そのとき、朝陽川鉄道から一五名、図們鉄道から四〇余名が動員された。敵機がしょっちゅう攻撃してくるだけでなく、厳冬のさなかに氷を割って水中に入り作業せねばならなかったが、彼らは最後までやりとげた。鉄道が復旧されると、鉄道幹部と労働者たちはあらゆる試練と難関を克服して軍需品を輸送した。

このころ、南満では東北民主連軍と南満軍区が根拠地建設をすすめながら、南満鉄道の安全防衛に格段の注意をはらっていた。

東北民主連軍は、撫松などから銃砲弾をはじめとする軍需物資をあつめて四平戦場に送っていた。ところが、南満鉄道局にもぐりこんだ国民党特務の連絡をうけた敵機が梅河口で、ガソリンタンク貨車と銃砲弾を積んだ車両を連続爆撃し、四平に送ろうとした軍需品が灰燼に帰した。

このような損失を防ぐため一九四六年五月、遼寧軍区は南満鉄道防衛の任務を李紅光支隊にまかせることにした。李紅光支隊は、既存の鉄道防衛兵力が五〇〇余名だったのをさらに増強し、遼寧軍区鉄道警備大隊を組織した。この大隊は五個中隊と一個警衛小隊からなっていた。各中隊は通化、柳河、渾江、臨江、集安などの地区に配置され重要な駅、鉄橋、トンネルを守った。

鉄道警備大隊は、軍事問題では遼寧軍区の指揮をうけたが、党活動と幹部管理は李紅光支隊がうけもった。鉄道警備大隊の隊長は鉄道局の局長が兼任し、政治委員は遼寧軍区軍事代表が兼任した。列車運行時には小部隊を派遣して厳格な軍事管制措置を講じた。

朝鮮族からなるこの遼寧軍区鉄道警備大隊は、東北民主連軍が最初に組織した鉄道警備部隊で、中国人民解放軍鉄道兵団の前身である。

鉄道警備大隊の任務は鉄道およびその施設と列車運行の安全を保障するとともに、我が軍が退却するときは鉄道施設を破壊して敵の輸送線を断つことである。鉄道線が長くて土匪の撹乱がはなはだしく、鉄道局内部に敵のスパイが潜伏していた。そのうえ中国人との間で言葉が十分に通じないばあいがあった。鉄道警備大隊は多くの困難をなめねばならなかった。

このような困難を打開するために、大隊では戦士たちに鉄道防衛の方法や敵の妨害策動を事前に探知する方法を教え、中国語学習も不断におこなわせた。梅河口駅爆撃事件の血の教訓を忘れず、機関士も自力で養成した。

一九四六年夏と秋、八道溝から撫松、濛江方面にのびる山林鉄道沿線では敵の破壊活動がはげしかった。鉄道警備大隊は石人駅に小部隊を派遣して付近のトンネルを警備させた。石人駅は大きな山に幾重にも囲まれた小さな駅で、その一帯に土匪の巣くつがあった。

ある日、小部隊がトンネル入り口の林のなかに潜んでいると、夜になって一群の土匪がトンネルを破壊するためそっと近づいてきた。警備隊が不意打ちをかけ、一名を生け捕りにした。他のものは山中に逃げた。

渾江を担当した中隊は渾江と三叉子の間の列車に部隊を派遣して土匪の襲撃を防ぐ一方、孫家堡子と三岔子の間の鉄道沿線に戦闘小隊を駐屯させて列車運行の安全をはかるとともに、土匪を攻撃して掃滅し、彼らが鉄道周辺に近よれないようにした。こうして、遼寧軍区の重要な財源である木材輸送を保障することができた。

鉄道警備大隊が組織されてから南満鉄道の柳河、通化、臨江、集安などの区間の警備が徹底し、列車の正常運行が保障されるようになった。

一九四六年一〇月、国民党の三個軍団が通化を攻撃したとき、鉄道警備大隊は幾つかの駅に集積されていた物資を後方に疎開させ、柳河と通化の間の鉄道を破壊し、敵が鉄道輸送をできないようにした。国民党軍が一九四六年一二月初に集安を攻撃したとき鉄道警備大隊は、そこにきていた蕭華司令員と司令部のメンバーを最後の列車で護送し、その列車が鉄廠子に到着したときは、同地の発電所を爆破して敵の鉄道輸送を大きく妨げた。

一九四六年一二月末、鉄道警備大隊は三個中隊で編成されることになり、関永天が大隊長に、李加紅が教導員に任命された。

一九四七年夏季攻勢の結果、通化と梅河口が解放されると鉄道警備大隊はふたたび南満鉄道を復旧した。その後、東北民主連軍は梅河口に鉄道警備軍司令部を設置し遼寧軍区鉄道警備大隊を鉄道警備軍に編入した。

一九四六年春、黒龍江省でも鉄道を掌握防衛する護路軍一個連隊を綏化で組織した。護路軍の任務は鉄道を掌握し防衛し、輸送を円滑に保障することであった。

はじめ彼らはハルビン―チャムス（佳木斯）間の鉄道を防衛した。当時、国民党軍が大々的に東北地方に洪水のように押し寄せていたので、地方土豪たちはそれに便乗してレールや鉄橋を破壊するなど悪らつにしゅん動していた。護路軍はこれら土匪集団を掃討しつつ破壊された橋やレールを修理復旧した。そのころ、朝鮮青年たちが護路軍に数百名ずつぞくぞくと入隊してきたので、一九四六年夏に二連隊と三連隊を新たに組織した。

二連隊は牡丹江に駐屯してハルビンから綏芬河までの区間を担当し、三連隊は鶏西に駐屯して牡丹江からチャムスまでの区間と、密山から牡丹江までの区間を担当して鉄道輸送を保障した。

護路軍は教導隊を組織して朝鮮人幹部一〇〇余名を養成し各連隊と中隊、小隊に配置した。当時護路軍は、九個中隊をもって三個連隊を編成していた朝鮮人部隊で、中国東北解放戦争の時期に、土匪集団を粛清し鉄道の安全を保障するのに大きな功績をあげた。

一九四八年七月、南満にいた朝鮮人鉄道警備隊と北満にいた朝鮮人護路軍三個連隊を統合して東北人民解放軍鉄道兵団に改編した。鉄道兵団は四個支隊（師団級）から成っていた。支隊は先導隊、防空隊など専門業種部隊に区分された。東北地方が解放されたのちは、東北人民解放軍鉄道兵団を中国人民解放軍鉄道兵団と改称し再編成した。

鉄道兵団の朝鮮人鉄道兵部隊は、遼瀋戦役に先立って瀋陽と錦州の間の鉄道沿線で、軍需物資と戦闘部隊の輸送を保障するため、破壊された鉄橋とレールを復旧した。朝鮮人鉄道兵部隊は通化鉄橋の復旧任務を、戦闘の連続のなかで悪戦苦闘しつつ完遂した。

また、瀋陽－吉林間の鉄道線内にある清原－撫順間の鉄道復旧作業もみごとだった。清原南方の四キロあまりのレールを復旧する課題が提起されたとき、河の氷を割ってその穴の中に入り砂を掘り出して一晩で復旧、修理を完了した。おかげで我が軍の大部隊がこの鉄道を利用して迅速に撫順解放戦闘を展開することができた。

遼瀋戦役のとき、シンビン－鄭家屯間の鉄道の一部が洪水で破壊された。それを一五日間で復旧せよ、との任務を受けた朝鮮人鉄道兵たちは昼夜兼行、わずか七日間で完遂し遼瀋戦役勝利に大きく寄与した。兵団は朝鮮人鉄道兵たちを大々的に表彰し、各人に銀貨五枚ずつを賞金として授与した。

このころ、中国共産党中央委員会は中国全国解放作戦を準備し、金日成主席に同作戦への協力を要請するため人を寄こしてきた。

主席は中国共産党の作戦を助けるために、中国人民解放軍がハルビンから図們、図們から豆満江を渡って我が国の南陽を通り東海岸鉄道を利用して高原、陽徳、西浦を過ぎて新義州に至り、鴨緑江を越えて再び中国東北地方の丹東に抜ける列車輸送をするようにした。

金日成主席は次のように述べた。

「いま中国の東北人民解放軍司令部はハルビンにあり、蒋介石国民党軍は丹東の北側地域まで占領していいます。こういう状況のもとでハルビンにいる東北人民解放軍司令部は、平安北道一帯にいる中国人部隊との連係をもつことができないようになりました。

君たちも知っているように、中国人部隊の軍人たちが我が国領土の平安北道を通過して丹東方面に抜けるのは陸路を利用するのでたやすいのですが、満州地域の鉄道を蒋介石国民党軍が握っているので、ハルビン一帯にある東北人民解放軍の多くの人員と軍需物資を速く丹東の方へ移動展開するのは困難です。

ですから、ハルビンにいる中国人民解放軍の人員と軍需物資を中国図們をへて咸鏡北道の南陽駅に運んだあと、東海岸鉄道を利用し高原、陽徳、西浦を通って新義州まで輸送してあげねばなりません。そうしてこそ、東北人民解放軍が丹東方面に速く展開できます。

君たちの任務は、非常に膨大で難しい輸送です。

国際主義的義務に忠実な我々が、今回の中国共産党の作戦をしっかり助けることによって、朝中親善をいっそう強化発展させなくてはなりません。

交通局がひとつ、こんどの大仕事を引き受けて、やってのけなくてはなりません。」

金日成主席はこれに先立ってすでに、中国東北地方で戦っている幹部たちと連係をとり、我が国の鉄道部門全権代表をハルビンに派遣して作戦を円滑に保障するようにさせた。ハルビンから図們にいたる鉄道区間で鉄道兵は最大の安全性と秘密を守り、敵のいかなる攻撃にも対処できる準備をしてこの作戦を保障した。

こうして東北人民解放軍は錦州解放戦闘、黒山、大虎山戦闘、瀋陽解放戦闘などで勝利し全東北を解放することができた。

一九四八年一〇月に完工した松花江大鉄橋修築工事には多くの朝鮮人鉄道兵部隊が参加した。第四野戦軍の大部隊が、平津戦役に参加するため中国関内に進撃するのを保障する任務が鉄道兵団に下されたとき、朝鮮人鉄道兵部隊は強行軍で昌黎駅に着き、昼夜兼行で天津付近まで列車を通すのに成功した。朝鮮人鉄道兵部隊の献身的努力は第四野戦軍部隊の中国関内進出と平津戦役の勝利に大きく寄与した。

朝鮮人鉄道兵部隊は、中国人民解放軍の淮海戦役と揚子江渡河作戦を保障するためさらに津浦線、京漢線、北寧線、隴海線、粤漢《えつかん》線の復旧に取りかかった。

安徽省明光橋は長さ四〇〇メートル以上もある大きな橋だが、この橋を国民党は三年間かかって完工させた。彼らは自分たちがつくったこの鉄橋を敗走ししなに破壊し、復旧に半年か一年はかかるだろうといった。だが朝鮮人鉄道兵部隊は粘り強い苦闘のすえに一九四九年三月、わずか三週間で開通させた。このときも鉄道兵団では朝鮮人部隊の功労を大きくたたえ、戦士たちに銀貨五枚ずつの賞金を授与した。

安徽省の漳河大橋は長さ四〇八メートル、高さ七・五メートルで、高低差がある二〇本の橋脚で支えられていた。抗日戦争の時期に国民党は、華北の広大な地域を日本帝国主義に明け渡して逃走ししなにこの橋を破壊し、日帝敗北後も復旧できずにいた。橋脚二〇本のうち一九本が完全に破壊されていた。中国の南北をつらぬく大動脈ともいえる京漢線の、破壊された多くの鉄橋のうち、漳河大橋復旧がもっとも大きな工事の一つだった。

鉄道兵団は、朝鮮人鉄道兵部隊である四支隊二四線路大隊にこの鉄橋の復旧任務をあたえた。朝鮮人鉄道兵は冷たい河水に飛びこんで昼夜兼行、悪戦苦闘して三ヵ月で立派になしとげた。兵団は朝鮮人部隊の功労を大きくたたえ、銀貨四枚ずつを賞金として授与した。

他のある朝鮮人鉄道兵部隊は、隴海線復旧任務を受けもった。彼らが復旧すべき東関橋は地質が非常に複雑で難工事だったが、適時に完工して西北地区解放に大きく寄与した。そして湖南省に入ってからは、二〇〇余メートルもの長さの東安橋も復旧して西南地区解放に寄与した。

このほかにも朝鮮人鉄道兵諸部隊は、広東省東安県の子渓鉄橋、粤漢線の楽夏大橋（鉄橋）の復旧工事で犠牲者まで出しながら、あたえられた戦闘任務を成功裏に遂行した。

朝鮮人鉄道兵諸部隊は中国本土の南方関門である広東省解放と海南島解放の戦闘勝利を保障するため五良線に進出して破壊された鉄橋を復旧し、中国全国解放の偉業に大きく貢献した。

中国人民解放軍は、鉄道兵団の朝鮮人部隊をさして「解放軍の斥候兵」と称賛した。

復旧された鉄道で戦場にむかう人民解放軍の指揮員や戦士たちは、車窓から朝鮮人鉄道兵に熱狂的に手を振って感謝の意を表した。復旧したばかりの橋のたもとで泥まみれ、油まみれで立っている朝鮮人鉄道兵たちに、彼らは「敵と勇敢に戦い、全国解放の実践行動で『斥候兵』らの労苦に報いよう！」というスローガンを高く叫びながら通過していった。なかには米袋、菓子箱、パンの箱、時には軍服まで投げてよこす指揮員や戦士たちもいた。

そんなとき、朝鮮人鉄道兵たちはいつも、金日成主席の教えを胸ふかく刻み、中国革命に貢献している自らの闘争に大きな自負を感じた。そして、あくまで中国革命の勝利を保障してから、懐かしい祖国へ汽車に乗って飛ぶように帰る日を思い描いた。

このように、朝鮮人鉄道兵部隊は中国人民解放軍鉄道兵団の端緒をひらき、鉄道防衛と鉄道復旧建設におのれの血と汗のすべてを捧げた。

第八章　国際主義戦士たちの帰国

中国革命の勝利によって一九四九年十月一日、中華人民共和国が宣布され、北京の天安門広場に五星紅旗がひるがえった。

中国東北地方の牡丹江、延辺地方から一万二千余キロを血で染めながら貴州省と海南島にまで進出し、中国人民の解放戦争に大きな功績を積み上げた朝鮮人諸部隊は、金日成主席の呼びかけに応えて祖国に帰ることになった。

当時、特殊な戦闘任務を遂行していた朝鮮人部隊の指揮官と戦闘員を除いて、第四野戦軍内の朝鮮人全指揮官と戦闘員が鄭州市に集結した。その人員は、二万二千二〇〇余名だった。

三月中旬のある日、鄭州市の広場において朝鮮人諸部隊を一つにまとめて独立一五師を組織する儀式がおこなわれた。独立一五師には四個歩兵連隊、一個砲兵連隊、工兵大隊、通信大隊、戦車大隊、警衛中隊、野戦病院があり、師団政治部と参謀部、供給部があった。抗日革命闘士の池炳学が師団参謀長兼砲兵連隊長だった。広場には朝鮮人諸部隊の戦闘的偉勲をものがたる一一〇余本の祝旗が春風になびいていた。これらの祝旗は東北地方の土匪粛清、三下江南四保臨江作戦、長春包囲戦闘、遼瀋戦役、平津戦役、揚子江渡河作戦、中南地区、西南地区の戦闘などの激戦で朝鮮人諸部隊が授与されたものであった。

独立一五師の指揮官と戦闘員のうち、大功以上の手柄を立てた者だけでも二千余名、そのうち英雄称号を授与された者は一〇〇余名にたっし、師団全員の実に八五％が共産党員の栄誉をになっていた。

隊列編成式で指揮官と戦闘員にたいする表彰もおこなわれた。第四野戦軍政治部主任・鄧子恢は朝鮮人部隊の武勲を高く評価して次のように述べた。

「諸君は三年半の解放戦争で刻苦奮闘し、勇敢に戦った模範であったし、擁政愛民の模範であったし、三大規律八項注意を順守した模範でありました。朝鮮民族の息子や娘である諸君は朝鮮民族の誇りであり、また我が中華民族の誇りでもあります。」

彼はさらに、朝鮮人部隊指揮官や戦闘員と朝鮮人でなければ、幾つもの困難な重大局面で混乱した中国人部隊や中国人たちの思想動向を正すことができなかっただろうし、国内戦争初期の東北地方における厳しい難局を打開できなかったであろうと述べ、中華人民共和国の五星紅旗には、中国人民の解放戦争のために流した朝鮮人の熱い血が染みこんでいる、と語った。

彼は、朝鮮人が中国の困難なときに血をもって助けてくれたように、中国人も今後朝鮮で戦争がおきれば、志願兵として朝鮮人民を助けるであろうと言明した。

ついで、盛大な閲兵式がおこなわれた。誕生したばかりの頃は、日本軍敗残兵が捨てていったみすぼらしい武器で武装した隊伍が、いまや戦車と大砲、歩兵銃、軽機関銃で武装し正規化された部隊に成長し、地軸をゆるがせて行進した。

朝鮮人部隊勇士たちの顔には、金日成主席を領導者にいただく朝鮮民族の高い誇りと自負心、中国革命を積極的に支援せよとの主席の教えを貫徹した国際主義戦士だということこの上ない矜持と栄誉感、これから懐かしい祖国のふところ、領導者のふところに帰るという喜びがいっぱいにあふれていた。

この日、中国側は祖国に向けて発つ朝鮮人指揮官と戦闘員たちのために盛大な宴会を催した。

朝鮮人部隊である独立一五師は一九五〇年四月一五日を前後して河南省鄭州から直通列車で祖国に帰り、朝鮮人民軍第一二師と第七師に編入された。

四川省重慶に行っていた四七軍の朝鮮人諸部隊は一九五〇年四月初、湖南省長沙に集結し、湖北省武漢をへて河南省鄭州市で独立四連隊に編成され、一九五〇年四月二〇日頃に祖国へ到着、朝鮮人民軍第四師一八連隊に編入された。

毛沢東主席は、帰国する朝鮮人部隊に各種の武器と弾薬三定量、その他の必要な軍事装備を贈るよう指示した。

四七軍の残りの朝鮮人諸部隊は、一九五〇年六月に瀋陽でそれまでの活動を総括し、六月一九日に新義州をへて二〇日に平壌へ到着した。

彼らが平壌に到着して五日めに朝鮮戦争がおきた。

全中国を解放する戦争で鍛えられた朝鮮人部隊指揮官と戦士たちは、米帝国主義の武力侵攻を退け祖国の自由と独立を勝ち取る戦争で、ふたたび大きな手柄をたてた。

金日成主席は一九五〇年五月一二日、中国国内革命戦争に参加して帰国した朝鮮青年たちに会った。

金日成主席はそのとき次のようにのべた。

「中国東北地方を解放したあとも多くの朝鮮青年が中国関内に進撃して揚子江渡河作戦にも参加し長沙、重慶をはじめ多くの地域を解放しながら遠く中国の南端まで進撃しました。ですから、朝鮮青年たちは中国を解放する大きな戦闘にはほとんど参加したと言えます。

中国人民の解放戦争に参加した朝鮮青年たちは、数千里の長途で砲煙弾雨をかき分けながら勇敢に戦い、中国の解放と人民中国の誕生に大きく寄与し、国際主義戦士としての栄えある任務を立派になしとげました。」（金日成全集一一巻、三六四頁）

中国現代史における転換の契機となった東北解放戦争と、中国革命の勝利をめざす闘争で金日成主席が積んだ不滅の業績は、社会主義運動がはじまって以来、国際主義的支援のもっとも輝かしい模範である。中国革命支援のために、朝鮮の愛国者たちが中国の大地に流した鮮血は、五星紅旗の紅い色をさらに濃くした。

むすび

中国革命を積極的に支援せよという金日成主席の教えにしたがい、朝鮮人民革命軍の軍事政治幹部たちと戦士たちは、中国東北地方に入って朝鮮人部隊を組織し、あらゆる試練と難関をのりこえ血をもって中国革命の勝利に貢献した。金日成主席は、我が国も解放されたばかりで非常に困難な状況であったにもかかわらず、中国共産党がもっとも苦しかった時期に中国革命を助け、数多くの抗日革命闘士たちを中国に派遣した。そして、彼らが現地で武装隊を組織し、党と大衆団体、人民政権を樹立するうえで生じるさまざまな問題に正確な指針をあたえ、人的物的支援を惜しまなかった。

主席は、中国東北地方が蔣介石国民党軍によってほとんど全て占領され、共産党軍が守勢に陥ったときには国境を開放して活路をひらいてやり、東北解放戦争と中国革命の作戦についても直接相談をうけ、策を授けて共産党軍が守勢から攻勢に転じるように助けた。主席は作戦案を協議しただけでなく、最大の力をつくして物質的支援をあたえた。

主席の教えを胸に刻んで朝鮮人諸部隊は、厳しい局面を乗り越えるときや戦略的要衝を占領する戦いで、いつも先頭に立って突撃路をきりひらいていった。

長春、四平、臨江、敦化、牡丹江そして錦州、瀋陽、輝南、さらに遠く南方の多くの戦場で朝鮮人部隊はたくさんの血を流した。

戦争の全期間、朝鮮人部隊は激戦場の突破口をきりひらき、偵察任務や連絡任務、司令部警護任務、補給活動などもっとも困難で重要な任務をひきうけ責任をまっとうした。当時、東北のすべての軍区や県の党、政権機関とその責任者の警護は朝鮮人警衛隊員が遂行した。

その当時、黒龍江省公安総隊政治委員だったチョ・ヨンハ（中国人）は次のように語った。

「朝鮮人部隊は刻苦奮闘精神と組織性、規律性が強かったし、戦闘力も非常に強かった。上部からの任務や命令は正確に実行した。その頃は武器が不足で、のどから手が出るほどみなが欲しがっていたが、武器倉庫をまかせたら銃一丁、弾丸一発すら紛失することがなかった。食べ物も着る物もみすぼらしかったが愚痴ひとつこぼさず、手足を凍らせながら党、政権機関とその責任者たちを立派に警護した。軍区内に五六の連隊があったが、朝鮮人部隊がもっとも信任されていて、衛戍と治安保障で功労がいちばん大きかった。

陳雲〔当時中国共産党中央委員会組織部長〕は私に、朝鮮人の武装隊について、高い国際主義精神をもって彼らと団結し、彼らを支持してやらねばならない、あらゆる面でまったく同じように遇し、特殊な問題があれば特別に解決してあげなさいと指示しました。司令員・石卓正も朝鮮人部隊によい待遇をするようにと言いました。」

主席の教えの通り、朝鮮人部隊は全部隊のなかでつねに模範であったし、ほかの人々を政治思想的に教育する面でも先んじていた。

東北解放戦争と全国解放の戦場で、金日成主席の名は神話のように広まった。主席の教えは、直接伝達された朝鮮人部隊だけでなく中国人部隊でも学習し、その通りに実行すべく努力した。

長春解放戦闘のあと中国人の間で、国民党軍が堤防だとするなら、中国共産党軍はその堤防を崩す火薬であったし、朝鮮人はその火薬を爆発させる起爆剤だったという話がひろまった。そう言われるたびに朝鮮人戦闘員たちは中国人指揮員らに、幾らにもならない私たち朝鮮人が戦ったからといって、どれほどの事もないでしょうと謙遜した。すると中国人たちは「三国志」を引き合いに出して、むかし赤壁の戦いで曹操の一〇〇万軍勢を、孫権軍五〇万、劉備軍五万の連合軍が破った、劉備に軍師・諸葛孔明がいたから勝てたのだ、金日成同志の領導をうける朝鮮人民はほんとうに聡明で勇敢だ、と賛辞をおしまなかった。

戦争の全期間、国民党軍はもちろん蒋介石までもが、金日成主席の戦略戦術にやられたし、「北朝鮮が軍隊を送ってきたから我々が負けた」と慨嘆して、朝鮮人部隊にたいする敵意と恐怖感をあらわにした。

一つの戦闘で数万名の朝鮮人が犠牲になったこともあった。この事例だけでも、中国革命勝利のために朝鮮人革命家たちの血がどれほど捧げられたかを知ることができるであろう。

だからこそ、米帝国主義と四つに組んだ朝鮮戦争のとき、中国の党と人民はためらうことなく志願兵を送ってくれたし、今日もなお、中国の党と国家の指導的幹部たちと中国人民は、中国革命の勝利と中華人民共和国の創建を語るとき、いつも金日成主席を思い出すのである。

本書は、中国革命に貢献した金日成主席の崇高な国際主義精神と熱い同志的支援について不十分ながらも叙述した。だが、歳月が余りにも多く流れて当時の記録が十分に残されておらず、従ってここに記したのは中国革命に貢献した金日成主席の業績の一部にすぎない。読者諸賢の了承を乞う次第である。

今後研究が深化し、史料がさらに集積されれば、より豊富な内容の書物が世に出るであろう。

中国人民解放戦争支援　主要年表

一九四五年

八月一〇日　金日成主席、ソ連ハバロフスク北野営で、中国東北地方に朝鮮人民革命軍指揮員たちを派遣することを言明

八月二四日　金日成主席、ソ連ハバロフスク北野営で、中国東北地方に派遣される朝鮮人民革命軍指揮員たちに、中国革命支援について重要演説

九月九日　金日成主席、祖国と中国東北地方に行く朝鮮人民革命軍指揮員、隊員らとともに中国牡丹江市に到着、牡丹江で組織された「高麗人協会」幹部たちと会い、在中朝鮮人の今後の課題を示す

九月一〇日　金日成主席、「高麗人協会」幹部らと再び会い、組織の綱領、規約を見てやり今後の活動方向を示す

九月一二日　金日成主席、牡丹江地区情勢を把握し、再びソ連に向かう

九月一四日　金日成主席、ソ連ウォロシロフに到着

九月一五日　金日成主席、中国東北地方に派遣される朝鮮人民革命軍指揮員たちに今後の課題と遂行方途を

示す

九月一七日　金日成主席が派遣した朝鮮人民革命軍指揮員と隊員たちが中国延吉市に到着

九月一八日　朝鮮人民革命軍指揮員たちと隊員たちが、延吉から各自の任地に出発

九月一九日　金日成主席の教えにしたがい延吉で延辺労農青女総同盟結成

九月　金日成主席が派遣した朝鮮人民革命軍指揮員たちにより「吉東保安司令部」組織

九月二五日　ハルビン保安総隊朝鮮独立大隊組織

一〇月　姜健同志の指揮のもとに、延吉捕虜収容所に潜り込んでいた憲兵、警察、特務六〇余名を摘発粛清

一〇月　和龍炭鉱に侵入した土匪たちを粛清して炭鉱を解放

一〇月　牡丹江軍区一四連隊三大隊と一五連隊三大隊を組織

一〇月　磐石地方で朴正徳、崔容渕が朝鮮人の一個大隊を組織

一〇月中旬　金日成主席の指示にしたがい南満に入った抗日革命闘士をはじめとする七名が主導して朝鮮人部隊を組織

一〇月　金日成主席が派遣した姜健同志によって中国共産党延辺委員会創設、姜健同志が初代書記に

一〇月二七日　延辺労農青女総同盟を延辺民主大同盟と改称

一〇月末　南満に組織された朝鮮人部隊は師団級に成長したので改編、部隊名を李紅光支隊と改称、この時期に平安北道から数千名の朝鮮人が中国に渡り李紅光支隊に網羅された

一〇月末　穆稜、密山、黒台、東寧、綏陽各県の土匪を粛清しこの地域を平定

一一月初　吉東保安司令部を吉東分区司令部に改編

一一月　牡丹江軍区一六連隊と一七連隊を組織、各連隊の三大隊は朝鮮人で編成

一一月二五日　ハルビン保安総隊が朝鮮独立大隊組織、姜健同志と連携して活動

一一月　吉林軍区七二連隊組織。最初は宋武旋が崔庸健同志の指示により五〇〇名で第七大隊を組織し、その後名称を第七支隊に変えて再編成し宋武旋が参謀長となり、さらに姜健同志との連携のもとに吉林軍区七二連隊に改編、宋武旋が連隊長の任務を遂行

一一月二九日　金日成主席が新義州で中国の遼寧軍区司令員・蕭華の要請をうけ、丹東に渡り東北解放戦争の作戦を討議し、当時の情勢に対処する緊急対策を示す

一二月　北満で謝文東土匪集団との最初の戦闘

一二月末　崔光同志が安団長部隊（土匪部隊）のところに行き、その部隊を中立化するのに成功

一二月　三道湾土匪総指揮部を襲撃

一九四六年

一九四六年春　金日成主席が、武器援助を要請する毛沢東同志の要請を携えてきた陳雲同志を平壌で接見、一〇万余丁の銃と砲を送る。さらに朝鮮の砲兵連隊、工兵部隊を中国東北地方に送る

一九四六年初　延吉県依蘭溝戦闘

一月～三月　香秀鎮を初めとする牡丹江周辺農村を解放

一九四六年初　中国側代表団が来て、阿吾地石油工場（当時）地域に軍需工場〔複数〕を移転させる問題を協議し決定

二月三日　武装解除された日本関東軍と、国民党軍一万二千三〇〇名が、蒋介石の指示により通化でおこした反革命武装暴動を直ちに鎮圧

三月　馬橋河戦闘遂行、佐武太子解放

三月二五日　金日成主席が執務室で、東北解放戦争に必要な軍服問題で訪ねてきた東北民主連軍吉東分区司令部供給部副部長・鄭斗煥を接見

三月二八日　金日成主席が、周保中ならびに東北に派遣されている姜健同志、朴洛権を咸鏡北道南陽で接見し、東北解放の緊急問題を協議、防御陣地掘設という方略を提示。一方、抗日革命闘士・朴永淳を中国に派遣して我が国と延辺地区との無電、無線電話連結を指示

一九四六年春　黒龍江省綏化で護路軍一個連隊組織

四月一〇日　金日成主席、東北民主連軍吉東分区司令部供給部副部長・鄭斗煥に会い、彼の要請した軍服地調達方途を示す

四月一四日～一八日　第一次長春解放戦闘遂行、四平界線で包囲された中共軍大兵力の退路を開き救出。金日成主席が派遣した朝鮮人民革命軍指揮員・朴洛権が壮烈な戦死

四月下旬　金日成主席が姜健同志を接見、東北解放戦争に関連する今後の方向を示す

四月　鴨緑江の木材整理と関連して鴨緑江沿岸の道〔どう＝朝鮮の行政単位〕と中国の省との間で契約締結

四月二六日　金日成主席、中国東北解放戦争に必要な服地のために北朝鮮臨時人民委員会指令五〇号「綿織物一切の収集回送に関する件」を下達

四月二七日　金日成主席、北朝鮮臨時人民委員会指令第五一号「綿織物の統制を強化し満浦鎮貿易所に輸送することについて」を下達

四月～六月　敦化、蛟河地方戦闘遂行。朴根植連隊が少ない人数で敦化界線まで進撃しハルバ（哈爾巴）嶺を脅かす敵の二個師団を相手に苦戦しているとき、崔光部隊が羅子溝戦闘を終えて敦化―蛟河方面に

進出し、大部隊機動作戦で敵を奇襲掃滅、吉林市を包囲して敵を牽制することにより長春解放戦闘を成功裏に保障

五月二三日　金日成主席が中国の東北民主連軍吉東分区司令部供給部副部長・鄭斗煥を接見、副部長が三千余着分の軍服地と医薬品を入手できたことを報告して立ち去ろうとしたとき、主席は軍服千余着を別途にあたえ、中国に戻ったら警衛隊員と軍事政治幹部たちに供給するよう指示

五月初　謝文東部隊を包囲掃滅（謝文東は逃走）

五月一五日　牡丹江でおきた反革命的武装反乱を鎮圧して細鱗河、綏芬河を解放

五月　宋武旋が七二連隊をひきいて国民党軍の二個機械化師団の進撃を一週間阻止し撃退。八路軍のハルビンへの移動と松花江越えの補給物資移動を成功裏に保障

五月末　遼寧軍区鉄道警備隊を朝鮮人で組織

六月　牡丹江市を奪還

六月　南陽鉄橋を利用し機械と物資を貨車三〇〇余台分、琿春に運搬

七月　大部隊協同で謝文東部隊を撃破する戦闘を展開し林口、鶏西を解放

七月　「朝鮮駐在東北局弁事処」（表看板は「平壌利民公社」）が活動開始

八月一七日　金日成主席、東北民主連軍の軍服地を調達するため北朝鮮臨時人民委員会指令一四一号「上質綿布移譲に関する件」下達

八月二三日　金日成主席、中国東北からの避難民を安定させるため「避難同胞処置に関する件」下達

八月二六日　金日成主席、東北民主連軍に武器を迅速に送るため北朝鮮臨時人民委員会指令第一四九号「特別貨物輸送に関する件」下達

九月　北朝鮮臨時人民委員会と中国東北局との間で貨物輸送協定締結
一〇月下旬～一一月初　勃利、虎林、林口、二道河子、チャムスを結ぶ数十里の大包囲戦遂行
一九四六年秋　金日成主席、蜂起した国民党軍一八四師が我が国の領域を通って北満に安全に移動できるよう措置を講じる
一一月　明月溝で朝鮮人師団を新たに組織
一九四六年秋　金日成主席、王一知を二度にわたり接見

一九四七年

一九四七年初　金日成主席、東北民主連軍の二万余名の負傷兵と家族、二万余トンの戦略物資を我が国領土を通って安全な場所に移動させるよう対策を立てる
一九四七年初　金日成主席、我が国の水陸輸送路を通って東北民主連軍の戦略物資と人員が移動できるよう措置を講じる
二月　金日成主席、我が国の阿吾地に移動した中国の英安鋳物工場と弾薬工場をふたたび中国に移動させる措置を講じる
二月一六日　金日成主席、中国牡丹江地区朝鮮人民主連盟代表慰問団員たちを接見し、一九四五年九月に主席が教えたとおり、彼らが在中朝鮮同胞の民主主義的民族権利を擁護し、祖国の完全自主独立を成就するためねばりづよく努力したことを高く評価
三月中旬　金日成主席、中国牡丹江市で活動している在中同胞と会い、具体的な指針をあたえる。そして中国東北地方に住む同胞に送る手紙とともに同胞子女教育に必要な教科書とノート、鉛筆などの物資を

贈る

三月二五日　金日成主席、執務室で秘書に、平安北道碧潼郡の対岸で中国人部隊が苦戦していると言い、彼らが勝てるように各方面から支援すべしとの指示を下達

三月二六日　金日成主席、東北民主連軍副総司令員・周保中と南陽で会い「整風運動」を正す対策を協議

三月　金日成主席、中国東北地方に出発する林春秋同志に当時極左的に行われていた「整風運動」を正すことを指示、現地での活動方向を示す

一九四七年夏　金日成主席、朝鮮のすべての靴工場で東北民主連軍に送る靴を優先的に生産すべしとの指示を下達

一九四七年夏　金日成主席、王一知を接見

七月五日　金日成主席、中国に送る衣服類の輸送問題で、北朝鮮臨時人民委員会指令二四一号「物資輸送に関して」下達

一九四八年

一月一日　東北民主連軍を東北人民解放軍に改編

二月一五日　金日成主席、中国に派遣される電気技術者たちを接見

三月一三日　四平街解放

七月一五日　金日成主席、北朝鮮人民委員会交通局責任幹部らに、ハルビンにいる東北人民解放軍部隊の人員と軍需物資を東満の図們から朝鮮の南陽をへて高原、陽徳、西浦、新義州を通過し南満の丹東まで輸送する仕事を徹底的に保障するよう指示

七月　南満の朝鮮人鉄道兵部隊と北満の朝鮮人護路軍三個連隊を統合して東北人民解放軍鉄道兵団に再編成
一九四八年秋　金日成主席、東北民主連軍副総司令員・周保中とその妻・王一知、娘の周偉を接見
一〇月中旬　錦州解放
一〇月一九日　第二次長春解放戦闘勝利。金日成主席はこの戦闘に一個砲兵連隊を送った
一〇月下旬　黒山、大虎山戦闘
一〇月二三日　金日成主席、中国東北に派遣されて活動中の林春秋と談話、中国人民の解放闘争を最後まで援けるのは我々の国際主義的任務だと述べ、今後なすべき具体的な方途を示す
一一月　東北人民解放軍を中国人民解放軍第四野戦軍と改称
一一月二日　瀋陽解放
一一月　営口解放
一一月　山海関を解放して万里の長城を越え中国関内〔中国本土〕に進撃
一一月六日～翌年一月一〇日　揚子江以北の華東地方で淮海戦役を展開し、揚子江以北地域を完全解放
一二月五日～翌年一月三一日　平津戦役

一九四九年

一月一五日　天津解放
一月二一日　北京解放
二月　金日成主席、中国の王效明を接見し中国革命を最後まで支援する問題について協議
二月　金日成主席、中国人民解放軍に所属している朝鮮人諸部隊は中国革命を最後まで援けねばならないと

述べ、それを貫徹するため幹部を天津に派遣

七月　人民解放軍一六六師（朝鮮人部隊）が帰国。朝鮮人民軍第六師となる

八月　東北人民政府樹立

一〇月一日　中華人民共和国宣布

一〇月六日　朝中外交関係樹立

一九五〇年

四月三〇日　海南島解放―内戦最後の戦闘

一九五〇年春　金日成主席、帰国する朝鮮人部隊を出迎えるため幹部を中国に派遣

三月中旬　中国の河南省鄭州市において朝鮮人諸部隊が独立一五師を編成。同一五師は四月一五日を前後して鄭州から直通列車で帰国、朝鮮人民軍第一二師と第七師に編入

四月初　四七軍所属の朝鮮人諸部隊のうち、四川省重慶に行っていた諸部隊は湖南省長沙に集まり、武漢をへて鄭州市に至り、そこで独立四連隊を編成。四月二〇日ごろ祖国に到着、朝鮮人民軍第四歩兵師団一八歩兵連隊に編入

五月一二日　金日成主席、中国解放戦争に参加して帰国した朝鮮人民軍第四歩兵師団一八歩兵連隊指揮官および兵士たちと談話

六月二〇日　四七軍の朝鮮人諸部隊が瀋陽で活動総括をし、二〇日に平壌到着

日本人の歴史観を問う書――解説にかえて

井上　學

中国東北解放戦争（国共内戦）における「朝鮮人民革命軍の支援」の歴史を明らかにした『中国東北解放戦争を支援して』（以下の文中では「本書」とする）の出版を、僕は二〇〇九年六月三日付「朝鮮新報」（日本語版）の出版紹介記事によって知った。「朝鮮新報」（日本語版）は続いて二〇一〇年九月二四日に、朝鮮中央通信（二〇一〇年九月一四日）が発表した「朝中友好の歴史に末永く伝えるべき崇高な国際主義的信義」の要旨を掲載し、本書に密接にかかわる記事を伝えた。

僕はなんとか本書を手にしたいと思った。幸いに知人の好意によって全文コピーをしていただき、その後原書も入手することができた。手にしてみて、朝鮮語読解力が足りず、とても細部まで読み込むことは出来なかったのだが、これまで知らなかったことが多いなあ、初めてきくことに満ち満ちているなあということに驚きながら頁をめくっていった。

この度、李東埼氏によって本書の日本語訳『中国国共内戦と朝鮮人部隊の活躍』が出版され、あらためて精読することができるようになった。

本書の出版事情や、主題とその現代朝鮮における意義については「訳者はしがき」に詳しく述べられている。「解説にかえて」では、本書を日本人の読者の一人として僕はこう読んだ、ということを述べるに止まることをあらかじめお断りしたい。

本書は、僕らがだいたい共通にもっている「戦後日本史像」がはたして歴史の実態にかなっているかを問いかけ、また、現在の東アジアの動きの底流を見定めるために必要な歴史的事実の認識をもつ上で大いに助けになるものがある。

そこで、当時中国国共内戦は日本でどのように報道されていたのか、日本敗戦から朝鮮戦争までの「中国東北解放戦争」の物語を本書はどのように描いているか、本書が描いている歴史と日本人の「満州敗戦体験」の関係、戦後日本史像を東アジアの歴史の中で問うということ、を述べて「解説」にかえたいと思う。

中国国共内戦は当時の日本でどのように報道されていたのだろうか

一九四五年一一月一二日の「朝日新聞」は「国共、内戦に発展」として、「蒋介石軍が包囲、中共軍撤退」と報じる一方、「中共、満州を制圧」(45・11・20)と伝えていた。そして一か月後「中共、全面休戦を提案」(45・12・30)「満州以外に停戦命令」(46・1・12)と報じられた。

一九四五年段階では、日本敗戦後の中国情勢の方向について、確固たる見通しが出されえない状況であった。

中西功は、一九四六年一月「世界の解放運動の回顧と展望」(『人民』第3号)において、「いま、中国に展開されている『内戦』の重大性」を指摘しつつ、「重慶で歴史的な蒋毛会談…全国的に国共武装衝突が展開されだした十一月…(しかし)モスクワ外相会談(後)…重慶で国共会談再開、中共は無条件停戦を要請…中国新民主主義革命（は）民族資本および国民党と共に進もうとするのである」と論じていた。

スターリンのソ連と蔣介石の中国は、一九四五年八月一四日「中ソ友好同盟条約」に「調印」していたのであった。第二次大戦後の中国は、国民党政府主導のもとに進むものと思われていたのである。「朝日新聞」が「急転回」を報じたのは一九四七年七月である。「国共、決戦へ急転回」（47・7・14）、「中共が秋季攻勢発表」（47・10・8）と報じ、続いて「国府軍、満州撤退」（48・10・29）〔10・30瀋陽総攻撃開始〕、「中共、徐州を占領」（48・12・3）、「中共軍、北京へ無血入場」（48・12・17）と伝えた。

日本では、一九四八年の一一月頃に関心が高くなっていったのである。

日本共産党の野坂参三は、一九四八年一一月七日にもたれた「十月社会主義革命三十一周年記念集会」（於・中央大学）で、「十月革命の新しい発展―中国共産党勝利の意義」と題して講演し、「人民解放軍が瀋陽を攻略した。これは新しい『十月革命』である。今日の新聞は解放軍が徐州に迫っている」と伝えている、「瀋陽陥落によって中国の運命は決定した。新しい中国の誕生です」と述べた（『野坂参三選集　戦後編』、一九六一年）。

日本においては、中国内戦の詳しい推移、状況が伝えられていなかったのであるが、本書が詳述しているように、日本敗戦直後から「満州」では、国共の熾烈な戦闘が行われており、緒戦において苦戦する八路軍を朝鮮人民革命軍が支援する状況があった。

日本帝国主義敗北とその後の新しい東アジア世界再編構築をめぐって、蔣介石国民政府軍と中国共産党八路軍、朝鮮人民革命軍との死活をかけた「中国東北解放戦争」が歴史の焦点だったのであるが、日本における情勢認識は限定的であり、中国国共内戦で朝鮮人民革命軍が八路軍を支援している事実はほとんど全く知られていなかった。

本書が描く「中国東北解放戦争」の物語

本書は中国東北解放戦争を支援した朝鮮の活動を、「国共内戦」の全過程にわたって述べており、貴重な記録となっている。おそらく、中国東北解放戦争と朝鮮について、これほど詳細に記述したものは初めてではないだろうか。

本書は、目次にあるように、八章で構成されていて、ほぼ時期順に叙述されている。その概要（あらすじ）を僕は次のように理解した。

一九四五年八月、日本帝国主義が敗北するや、蒋介石勢力は米帝国主義と結託して東北地域掌握を画策した。戦略的要衝である東北の確保は中国共産党にとって最大の急務であった。

中国人民革命闘争支援を決断した金日成は、朝鮮人民革命軍の軍事・政治幹部と隊員を東北に派遣した。姜健、朴洛権、崔光、林春秋はじめ多数の朝鮮人革命家が献身的に活動し、戦った。

金日成は、東北解放戦争における中国共産党軍の兵站機関を朝鮮国内に設け、物資と人員（負傷者、戦闘員と家族、後方人員も）を新義州、南浦、羅津など朝鮮領内を利用し疎開させ、輸送した。数年間にわたり多くの部隊と人員が朝鮮領内を通過して東北の戦域に転戦した。

一九四八年一年間だけでも三〇余万トンの戦略物資が支援、提供された。毛沢東の特使陳雲の要請に応え、一九四六年春、一〇万余丁の武器を提供したほか、何度も各種武器、弾薬、爆薬、医薬品、軍服の生地、靴などを調達、支援した。当時の東北民主連軍の中国人幹部周保中は「一九四六年年夏から四八年までの二年半に、車輌二千余台の支援物資」が提供されたといっている。

金日成の指導で数十万朝鮮青年は四平、吉林、瀋陽などの戦闘で比類ない英雄性を発揮した。四平戦闘で東北民主連軍は決定的攻勢に出た。そして一九四八年一一月東北地域を完全に解放した。

東北民主連軍を改称した東北人民解放軍は、一九四八年一一月以後さらに中国人民解放軍第四野戦軍と改称され、朝鮮人部隊はその主力部隊として関内に進出し、北京、天津解放、長江（揚子江）渡河、海南島解放まで参戦した。毛沢東は「五星紅旗には朝鮮人民の流した血も染まっている」と述べた。

中国革命がついに勝利した。「国際主義戦士たちは帰国」の途に着いた。第四野戦軍四七軍所属朝鮮人部隊が新義州を経て平壌に到着したのは一九五〇年六月二〇日であった。五日後に朝鮮戦争が起こった。

本書には、朝鮮が支援した厖大な戦略物資の数量、数多くの人員の輸送、それを行う際にとられた人民委員会指令等の行政的措置の内容などが具体的に記述されており、僕たちは「国際主義」ということの、実際の姿、具体的形態を、その厳しさとともに学ぶことができる。朝鮮が実行した国際主義的支援は、まさに解放直後の極度の苦難の時期に実行されたのである。

本書を読んでいて感動的であったのは、朝鮮人部隊の英雄的戦闘性である。

一九四六年四月の第一次長春解放戦闘での朝鮮人民革命軍指揮員朴洛権連隊長の壮烈な犠牲。一九四八年三月「難攻不落」の要塞攻防戦であった四平戦闘における朝鮮人数万人の犠牲。一〇月一九日第二次長春解放戦闘に勝利して開催された「模範戦闘員会議」参加者数百名中八〇％が朝鮮人であったこと。黒山、大虎山戦闘で一〇一高地を争奪、死守した二八師八四連隊二大隊八中隊（朝鮮人部隊）が「鋼鉄八中隊」の称号を受けたこと。

一〇月三〇日、瀋陽総攻撃では長春解放戦闘で活躍した朝鮮人部隊が戦車、装甲車を先頭に参戦。三年ぶりに東北解放戦争が勝利した。この三年間の東北解放戦争期間に、約二五万名の朝鮮人が前線で勇戦奮闘した。

中国人民解放軍が中国関内に進撃してから、朝鮮人諸部隊は第四野戦軍に所属し、日に四〇ｋｍの行軍で南下しつつ、長江を越え海南島まで、各省を転戦して戦った。とくに、一九四九年五月、蔣介石軍が武力増強していた長江渡河は難関だった。朝鮮人部隊が決死隊となって河を渡り進撃路をひらいた。一九五〇年四月一六日、「内戦最後の戦闘」である、蔣介石が「不落の要塞」と称していた海南島への上陸作戦で、朝鮮人将兵の無比の英雄性、犠牲性が発揮された。四月三〇日海南島を解放、中国革命がついに勝利したのである。

このような書き抜きでは、内容を十分に伝えることが出来ないのであるが、本書では諸戦闘で発揮された朝鮮人部隊の英雄的戦闘性が描き出されており、そのことが強く印象に残るとともに、そのよってくるところをいかに理解すべきであるか、深く考えさせられた。

本書の出版に続いて、『中国東北解放戦争参加者たちの回想記』１（平壌・朝鮮労働党出版社、二〇一一年）が出版されているが、本書が描いた朝鮮人部隊の英雄的戦闘性をさらに理解するために、「参加者たちの回想記」もぜひ読んでみたいと思う。

「敗戦と満州」におけるもう一つの体験

本書全八章はほぼ時期順に叙述されているとはいえ、各章ごとにそれぞれ主題があるので、時期的に前後して叙述されている場合もある。つまり、各章の主な事項が、同時期の他の主題との重複をおそれず、多面的に描かれている。

叙述は極めて具体的で、人名、地名がふんだんに出てくる。そのため僕は読み進めるのに辛抱が必要だった。けれども、僕にとっては未知であった主要な登場人物が簡潔な経歴を付して叙述されており、また新しく知ることごとが多々あったので、各章の主題をはっきり意識して（これが大事だった）ゆっくり読んでいった。

その中で、たとえば、第四章には「通化暴動」が詳細に記述されていた。「第四章　勝利の前奏曲」の主題は「反土匪作戦」である。「南満」では一九四六年二月三日「反革命武装暴動を鎮圧」した。これが「通化暴動」の鎮圧である。「通化暴動」は、「フジタミツヒコ（別名タモト。関東軍１２５師団大佐、参謀長）指揮下の日帝敗残兵と国民党特務の土匪が結託した暴動」であり、この「二・三暴動」鎮圧で決定的役割を果たしたのは朝鮮人部隊である「李紅光支隊」であった。

本書にはこの「通化暴動」とその鎮圧の緊迫した経過が、登場する多彩な人物像とともに、実に生々しく描かれている。

この事件は、日本では「通化事件」の呼び方で、日本人の「満州引揚の悲劇」として語られてきたのであった。

中国国共内戦の主な舞台である「満州」（中国東北）にいた多くの日本人が、日本の敗戦とともに直面せざるをえなかった事態は、「満州引揚の悲劇」として語られてきた。

一九四六年二月三日の「通化事件」も「敗戦国民、日本人が殺された悲劇」として書かれてきたが、本書は「通化暴動」の具体的計画および暴動鎮圧状況を詳述して、その真相を明らかにしている。

本書が叙述している内容は、日本においても極めて少数ながら「通化事件」体験者の叙述によって裏付けられている。

元木和男『通化動乱』（二〇一〇年、私家版）は、孫耕暁（国民党通化市党部書記長）と藤田実彦（関東

軍125師団参謀長、大佐）により、五千五百名の「攻撃隊」が民主連軍支隊司令部、専員公署等を襲撃すべく、「二月三日朝四時決行」の「密令」が出されたが、二日夕方、朝鮮義勇隊南満支隊第一大隊五中隊の動哨が不審者を見つけて尋問し、暴動計画を白状させ、鎮圧した経過が述べられている。

「通化事件」は、ただ「敗戦国民」だということで「日本人が殺された悲劇」などではなかったのだ。「国共内戦」は日本人に無縁のことではなかった。本書を読むことによって、僕たちは戦後日本の歴史意識では埋もれている「引揚の悲惨」を超える日本人の「もう一つの満州敗戦体験」に関心を向けたくなるのだ。

新田次郎「豆満江」（新潮文庫『望郷』収録）は、延吉捕虜収容所にいた新田が、「八路軍の無電台技術者」になって、「日本軍」社会とは違う人間に触れた体験の物語だ。

東北解放戦争に参加した日本人もいた。古川万太郎『凍てつく大地の歌―人民解放軍日本人兵士たち』（三省堂　一九八四年）は、さまざまな部署、場所で、中国人民解放軍とともに東北解放戦争に参加した人びとに取材した貴重な記録だ。

林弥一郎『私と中国』（日中平和友好会関西支部、一九八二年）は、東北民主連軍総司令部の「空軍」創設協力依頼を受け、一九四六年「東北航空学校」を創設して「中国の戦士、幹部に飛行機操縦訓練」を施した林弥一郎が、後日おこなった「講演記録」である。

僕は二〇一一年に延吉にいった時、延辺烈士陵園を訪ねたが、そこには東北解放戦争に参戦した日本人犠牲者五名の碑があった。

国共内戦で八路軍側へ参戦した日本人たちは、中国東北解放戦争を国家的規模で支援した朝鮮人民とは無論のこと同列ではない。しかしながら、歴史に埋もれているこうした日本人の体験も、日本敗戦後の新しい東アジア世界を形成する複合的な物語のひとつであり、「中国国共内戦と朝鮮人部隊の活躍」を克明に記録した本書は、僕たちに「敗戦と満州体験」におけるもうひとつの歴史を掘り起こす主体的な意欲を刺激するのである。

「戦後日本史像」を問う書

僕たちが見慣れている「戦後日本史像」は、日本敗戦と連合軍（米軍）の占領、新憲法制定、中国革命の展開と米占領政策の転換、占領下民主革命から反動化へ、片面講和と日米安保体制の成立、というものだ。このような「戦後日本史像」は、いわば、「一国完結的」で、東アジア世界のなかでの日本を見る眼が弱く、日本帝国主義敗戦後の人民主体の東アジア世界像がみえてこない。

中国内戦・中国東北解放戦争は、アジア唯一の帝国主義国である日本敗北後の東アジア世界がどのようになってゆくかを決める焦点であった。日本における戦後史研究において、この中国東北解放戦争がより深く研究されることによって、東アジア世界における日本戦後史は、これまでの「戦後日本史像」とは違った姿で見えてくるのではないだろうか。

戦後日本人のアジア諸国民に対する「植民地支配責任、戦争責任の欠如」の体質は、中国東北解放戦争への関心のありようともかかわっている。本書が克明に描き出している、中国東北解放戦争における、中国人民、朝鮮人民の連帯、共闘の物語は、僕たちが「歴史意識」と「国際意識」を鍛え、あたらしい東アジアで共に生きていく主体を形成する課題と深く関連している。

中国東北解放戦争を支援した朝鮮人民の歴史という画期的な内容を持つ本書を、日本語で読めるようにしてくれた訳者、李東埼氏の労に読者の一人として感謝を申しあげる。

（いのうえ・まなぶ「海峡」同人）

訳者略歴
李東埼（リ・トンギ）
1932年9月　朝鮮慶尚南道生まれ、小学校入学以前に渡日、旧制中学一年で祖国解放を迎える。大阪市立大学経済学部卒、朝鮮商工新聞記者、朝鮮時報編集長、統一評論新社副社長、祖国平和統一協会事務局長、現在副会長。朝鮮語、日本語で朝鮮問題を新聞、雑誌などに執筆。

中国国共内戦と朝鮮人部隊の活躍
一九四五年八月～一九五〇年四月

2015年12月10日　　第1版第1刷

著　者　　吉在俊・李尚典
翻　訳　　李東埼
発行者　　高井　隆
発行所　　株式会社同時代社
〒101-0065　東京都千代田区西神田2-7-6
電話　03(3261)3149　FAX　03(3261)3237
組版・装幀　　有限会社閏月社
印　刷　　中央精版印刷株式会社

ISBN978-4-88683-793-6